Serie Bianca / Feltrinelli

Irene Bignardi

Le piccole utopie

Feltrinelli

Prima edizione in "Serie Bianca" maggio 2003

ISBN 88-07-17083-3

You may say I'm a dreamer
but I'm not the only one...

John Lennon

Introduzione

Utopia, come ben si sa, vuol dire "da nessuna parte", vuol dire "il luogo che non c'è". Per una confusione di suoni, tra "ou" che vuol dire "no" e "eu" che vuol dire "bene"(come in eulogia, come in eufemismo) la parola, a quanto pare, è anche stata spesso intesa come eutopia – e quindi un luogo positivo. Di conseguenza – per chiarezza? – è stata creata la parola "distopia", ovverosia un luogo negativo, cattivo. Ma buoni o cattivi i luoghi che non ci sono non ci sono. Allora, questo è un libro su luoghi che non esistono?

Questo è un libro di viaggi. Il libro di viaggi di una cronista culturale attraverso alcune idee del Novecento, secolo tragico, molto scontento di se stesso, pieno di ripulse, speranze, orrori, sogni infranti, illusioni e delusioni – e di voglia di cambiare e quindi di utopie.

Utopie non tanto nel senso in cui sono utopie quelle della società ideale (ma chissà...) proposta nel 1516 in *Utopia* da un filosofo come Sir Thomas More in un'isola che non c'è, con i suoi risvolti positivi e ideali ma anche con la cupezza delle costrizioni che gli ideali "utopistici" sempre impongono, prima di tutto quello di rovesciare le regole dell'esistente.
Utopie non nel senso in cui sono tali alcune complesse società modello che devono distruggere lo status quo per esistere, ma nel senso di luoghi che possono esserci e ci sono, e che proteggono, nutrono, sostengono – in una dimensione limitata, controllabile, reale – le idee, i progetti, le speranze di mutamento in un mondo migliore.

Luoghi-utopia che si possono visitare, conoscere, dove si può dormire, dove si può mangiare, con i cui ideatori, fondatori e portavoce ci si può confrontare direttamente.

Piccole utopie. Non perché non siano importanti, non perché non abbiano lasciato il segno nella storia e nelle persone che le hanno vissute e portate avanti, ma nelle dimensioni. Piccole utopie, progetti necessariamente modesti anche quando sono ambiziosi, ideali controllabili, speranze che possono trovare e hanno trovato una realizzazione. Utopie piccole che, secondo chi le vive, non sono più utopie perché il loro corso e il loro risultato lo hanno avuto. O se preferite si può semplicemente chiamarle sogni collettivi realizzati.

È la loro dimensione, la loro "piccolezza", la taglia verificabile dall'entusiasmo e dalla volontà dei loro creatori ad averne consentito la realizzazione, anche se parziale, anche se perennemente a rischio?

La maggiore utopia della storia, il cristianesimo, ha fatto male i conti con la natura umana, cui chiedeva troppo, indicando una strada grandiosa e meravigliosa dalla quale l'umanità si è continuamente allontanata. Le generose e talvolta folli utopie sociali ottocentesche – quelle di Robert Owen, di Saint Simon, di Fourier, delle comunità icariane, dei matrimoni "complessi" (e molto confusi) di Oneida, della brasiliana Cecilia, e tante altre – hanno brevemente sperimentato sul terreno della realtà la loro visione, che però avrebbe dovuto riguardare tutta l'umanità, e fallito. Le grandi utopie architettoniche che dovevano ridisegnare il volto della Terra – quella di Garnier, per esempio, quella di Broadacre City di Frank Lloyd Wright – sono rimaste alla fase di idee e progetti. È fallita, tragicamente, la massima utopia del Novecento, ambiziosa come il cristianesimo, il comunismo.

Le piccole utopie invece in qualche modo ce l'hanno fatta. Il sogno di Tagore di un luogo diverso dove le classi, le razze e le religioni si fiancheggino e si fondano ha lasciato il suo segno – parliamo di Visva Bharati, l'università da lui fondata a Shantiniketan. Paolo Soleri non è (ancora?) riuscito a realizzare la sua città verticale da settemila persone nel deserto dell'Arizona – ma ad Arcosanti si respira un'aria di umanità diversa. A Yaddo, nel nord dello stato di New York, l'ideale di un'Arcadia dove gli artisti possano creare al di fuori delle preoccupazioni del mondo ha prodotto alcuni dei più straordinari risultati letterari del secolo. La Costa Rica ha rifiutato l'idea stessa di esercito e da cinquant'anni vive in una dolcissima pace tropicale. A Monte Verità, sopra Ascona, sede di una celebre comunità utopistica del primo Novecento, si sono succeduti per tutto il lungo secolo brevi momenti di eccentrica libertà e di creatività straordinaria. A Nomadelfia, nata dalla generosità umana di don Zeno, l'utopia evangelica ha trovato una realizzazione terrena che ha ancora una logica profonda e commovente. E se il sogno dell'esperanto, la lingua di tutti e per tutti, si è scontrato con la diffusione esponenziale dell'inglese, la logica per cui dovrebbe avere la meglio ha ancora le sue ragioni, e la storia della sua diffusione parla di meravigliosi e sorprendenti intrecci di amicizie e rapporti transnazionali.

Sono questi sette viaggi in un diverso mondo possibile che ho intrapreso. Ce ne sarebbero stati altri da fare, nei luoghi o tra le idee di utopie non dissimili: ma a volte mi ha scoraggiato il peso del loro retroterra storico-politico (è il caso dei kibbutz), o il risultato che non riesco a condividere (è il caso del tentativo di utopia architettonica di un luogo come la pur deliziosa Seaside o come Celebration, la città modello della piccola borghesia suburbana, la perfetta Topolinia creata da Disney in Florida).

Le sette "piccole" utopie attraverso cui ho fatto il mio viaggio, non certo da storica, ma da giornalista, armata di taccuino, registratore e voglia di ascoltare e raccontare storie, sono sette utopie che mi piacciono, che mi sono simpatiche, con cui è bello convivere. Sette storie che fanno sapere che ci sono sulla Terra luoghi dove il sogno e il desiderio di un modo migliore di vivere con gli altri, per gli altri, ha avuto la meglio, anche se in piccolo, anche se nella modesta dimensione, a volte, di pochi chilometri quadrati. Sette esperimenti generosi e realizzati che disegnano i contorni di un possibile e impossibile mondo migliore. Se non c'è, ci dicono questi piccoli laboratori dell'utopia, è solo colpa nostra.

1.
Shantiniketan

Rabindranath Tagore

C'era una volta un bambino cui non piaceva andare a scuola. O per dir meglio: forse gli sarebbe piaciuto andare a scuola, perché era sveglio, vispo, intelligente. Ma non gli piaceva andare in "quelle" scuole, nelle scuole severe, formali, autoritarie, nozionistiche, noiose cui lo destinava la sua posizione sociale di bambino bengalese di buona famiglia, e quindi le scuole inglesi del Raj, "il dominio", come si chiamava l'Impero britannico in India. Così un bel giorno decise, complice la tolleranza del suo illuminato papà, di non andarci più, di studiare per conto proprio, e di inventarsi, anni dopo, una scuola a suo modo, per sé, i suoi figli, la gente attorno a lui.

Si potrebbe raccontare anche così, in sintesi, la storia di Rabindranath Tagore, di Shantiniketan, il desertico villaggio a nord di Calcutta – che oggi è stata ribattezzata Kolkata, in nome del riscoperto orgoglio bengalese – dove il Nostro decise, oltre un secolo fa, di fondare la sua scuola, e poi la sua università. "Ho fondato una scuola in Bengala quando avevo quasi quarant'anni, e so a che cosa devo le sue origini. Non a una teoria educativa, ma ai ricordi dei miei giorni di studente," raccontò ormai vecchio il poeta, il premio Nobel, il mistico con un sano risvolto pratico, il visionario, l'illuminato Tagore.

Lui, fortunato, non dovette "scontare tutta la condanna (*the full penal term*) che gli uomini della mia condizione devono vivere per trovare il loro ingresso nella società della cultura". Suo padre Debendranath era, a sua volta, un intellettuale, un uomo di cultura, un essere illuminato: o forse semplicemente un padre incapace di combattere la ribellione del figlio. E gli studi di Rabindranath si trasformarono in un avventuroso percorso attraverso viaggi sull'Himalaya con il padre e soggiorni a Bombay e in Gran Bretagna (il pretesto ufficiale erano gli studi giuridici, che però vennero rapidamente sostituiti da corsi di letteratura).

Poi, nel 1883, a ventidue anni (era nato il 6 maggio del 1861 nella bella e semplice casa avita di Jorasanko, a Calcutta, penultimo di quindici figli), il pessimo scolaro, il ragazzino ribelle, lo studente irregolare si sposò con l'undicenne Mrinalini e ricevette dal padre l'incarico di occuparsi della proprietà di famiglia in Bengala e nell'Orissa. Ebbe così inizio il rapporto tra Rabi e la campagna bengalese, che gli fece scoprire la realtà di una difficilissima condizione umana, la povertà e i pregiudizi del mondo indiano, l'orrore del sistema delle caste, i disastri dell'ignoranza e, infine, i luoghi dove avrebbe fondato la sua scuola, la sua università, il suo mondo ideale, la sua realizzata utopia educativa.

Facciamo un salto di oltre cent'anni nel tempo e mettiamoci in marcia oggi verso Shantiniketan. Il Shantiniketan Express parte ogni giorno alle 10 e 30 dalla stazione di Howrah, e cioè dalla metà di Calcutta che sta oltre il Gange, limaccioso e lento. Per arrivare alla stazione si attraversa il ponte di ferro sul grande fiume: il ponte più frenetico, colorato, rumoroso, inquinato del mondo, attraversato da un flusso ininterrotto di pedoni – tutti agitatissimi, tutti tesi verso una meta misteriosa, forse semplicemente la ricerca della sopravvivenza di ogni giorno – e da un fiume di macchine (bianche) e di taxi (gialli) impennacchiati di lattei vapori. Al di sotto del ponte scendono verso le acque torbide del Gange (anzi, del Ganga, che qui prende il nome di Hoogly, ed è un ramo meno importante ma sempre buono del fiume sacro) i "ghat", le gradinate mistiche che i fedeli hindu percorrono per arrivare al fiume e immergercisi per le abluzioni di rito destinate a ripulire l'anima – e un po' meno, viste le condizioni delle acque, il corpo.

Chi può arriva in macchina – e si tratterà quasi sicuramente di una delle vecchie Ambassador bianche anni sessanta, tutte uguali e tutte grassocce, macchina da Paperopoli, si direbbe, che inquinano elegantemente la città – fin dentro alla grande stazione costruita in stile indovittoriano e fin sotto il vagone: la stazione, una stazione terminale, è fatta di mattoni rossi e arcate di ferro, e quasi sembrerebbe di essere a Paddington o a Euston, se non ci fosse attorno l'onnipresente mercatino indiano, il colore dei banchetti di frutta, l'odore delle spezie che si mescola a quello dell'inquinamento, la gente addormentata sui marciapiedi, in un'immagine straziante e anestetizzante allo stesso tempo di povertà e abbandono.

Si viaggia in un'aria condizionata raggelante, in compagnia della crema della buona società bengalese che va a Shantiniketan in vacanza (il regno di Tagore è diventato il buen retiro preferito per il weekend da chi può comprarsi una casa o una casetta, una fetta di campagna per sfuggire all'inquinamento di Calcutta) o continua di lì fino a Darjeeling per un periodo di aria buona alle falde dell'Himalaya.

Sono due ore e mezzo di viaggio e centocinquanta chilometri in un vagone fatiscente foderato di plastica, che forse un tempo non era neanche tanto male e rappresentava la modernità e l'orgoglio delle ferrovie indiane. L'aria condizionata gelida rende surreale il contrasto con il deserto rosso a nord di Calcutta, che il monsone, a tempo debito, trasformerà in un'immensa verde risaia, fertile e ricca come solo le terre del delta possono essere.

Due ore e mezzo, per sbarcare nel tradizionale caos indiano della stazione di Bolpur fatto di taxi clacsonanti, botteghe, banchetti, folla, mendicanti, altere miserabili bellezze in sari che non sfigurerebbero in una reggia. A quanto si dice ci sarebbe anche una stazione a Shantiniketan stessa. Ma quelli di Bolpur, della brutta Bolpur, hanno ottenuto che il Shantiniketan Express si fermi qui, per avere un'occasione in più di vendere le povere mercanzie che costituiscono la fonte di sopravvivenza della cittadina.

Il contrasto tra Bolpur e Shantiniketan, scopriremo, non potrebbe essere più forte. Ma già qui alla stazione c'è un primo segno del passaggio di Tagore: qualche decina di metri più in là, su un binario morto, è parcheggiato il vagone su cui principescamente e grandiosamente viaggiava il poeta, lo stesso che il 27 luglio 1941 lo avrebbe portato nel suo ultimo viaggio verso Calcutta, dove venne sottoposto a un intervento chirurgico e dove morì, il 7 agosto, nella sua casa natale di Jorasanko, un tranquillo e appartato quartiere di begli edifici vecchi che ci ricordano come doveva essere la capitale del Bengala duecento anni fa.

Due chilometri di taxi (cinquanta rupie, un euro e pochi spicci), una sosta in un alberghetto carino e minimale che ospita qualche geco centenario e contrasta l'ardore del sole con un'aria condizionata rumorosa come un elicottero, ed eccoci finalmente nella mitica Shantiniketan. La pace dopo il caos, la calma dopo il tumulto, il silenzio dopo il rumore. E se fa caldo come a Calcutta e forse più, qui si sente il soffio secco del deserto, l'aria è respirabile, le notti – scopriremo al scendere del sole – sono limpide. Shantiniketan si chiama il paese, che praticamente non c'era e non c'è, ormai incorporato all'università di Tagore. "Visva Bharati" si chiama l'università fondata da Tagore sulla preesistente scuola, che nel 2001 ha compiuto cent'anni. Visva Bharati significa, in quella che è una tradizione consolidata, "la voce universale", ma letteralmente il nome è composto da due parole, "bharati", che vuol dire la casa, la patria, e "visva", che vuol dire il mondo, e quindi prevede traduzioni più complesse, "il mondo nostra patria", "dove il mondo vive in un singolo nido". Shantiniketan vuol dire "asilo di pace". Una pace conquistata a duro prezzo.

Torniamo indietro, al giovane Tagore, che dalla sorte ha avuto veramente tutto. Una grande famiglia piena di personaggi colti e illuminati. Il retaggio di un'aristocrazia del denaro e della cultura. Soldi. Belle case (basta visitare quella di cui si diceva prima, la sua casa natale, che è adesso diventata il Tagore Museum, a Calcutta, nel quartiere di Jorasanko, una costruzione elegante e discreta, semplice e spoglia, dove Tagore è nato ed è morto in una stanza venerata ormai come un sacrario). Intelligenza (di cui si parlerà poi). Capacità di godere la vita: immensa. Bellezza: impressionante.

Sono tutti bellissimi, i Tagore: alti, nobili, occhi profondi, grande allure, aria principesca e una certa bizzarria dovuta, come scrisse Tagore "alla libertà dei fuoricasta" (perché erano bramini sì ma con un antenato sposato a una donna legata ai musulmani, e quindi guardati con sospetto, e accettati, nella terrificante gerarchia delle caste e degli intrecci religiosi indiani, solo perché ricchi, molto ricchi). Quanto fossero belli lo si può verificare senza fatica percorrendo la sfilata di ritratti di famiglia che si vedono al Museo Tagore, perché grazie al cielo gli avi di Rabindranath, per non dire di lui, amavano farsi ritrarre, come d'altronde tutti gli appartenenti all'aristocrazia e alla nobiltà indiana dell'epoca. Eccoli elegantissimi in turbante e giacca, alla moda mogul. Eccoli con gioielli impressionanti per bellezza e ricchezza puntati sul kurta. Ecco le donne, meno belle (che stranezza) ma ancora più ornate. Poi Rabindranath, che tra i suoi molti talenti aveva anche quello di saper dipingere, ai ritratti aggiunse gli autoritratti, in un affascinante stile tra realismo, astrazione e naïf. Per non parlare delle fotografie. Rabindranath vestito da principe indiano. Rabindranath vestito da giovane englishman in uno dei suoi tanti viaggi britannici. Rabindranath già in versione guru, il lungo abito che sembra un saio, altissimo, gli occhi splendidi ombreggiati dalla natura, dal kohl, dalla fotografia stessa. Rabindranath in ogni modo e in ogni composizione perfetto, divino, troppo bello – e consapevole di esserlo.

Ecco dunque che cent'anni fa, nel 1901, Rabi (chiamiamolo così d'ora innanzi, come molti suoi devoti, ma solo per comodità e brevità, non per volerci mostrare intimi di lui) decise di fondare sui terreni di quella che era una vecchia proprietà di famiglia una scuola che corrispondesse alla sua filosofia di vita e di educazione. Il terreno di quella che sarebbe diventata Visva Bharati era a Shantiniketan, a due miglia da Bolpur, dalla loop-line e dal raccordo della East Indian Railway, era stato comprato molti anni prima, nel 1863, dal padre di Rabi, che ci aveva costruito un ashrama, destinato a ospitare i pellegrini in cammino alla ricerca dell'illuminazione religiosa. Era un tipo interessante anche Tagore senior. Era un hindu riformista, un seguace del Brahmo Samaj, che rifiutava molte pratiche hindu e propugnava l'esistenza di un solo dio, in sostanza dunque un uomo aperto a tutti i credo religiosi; ed eccolo dunque propugnare l'istruzione per le donne, gli ideali della democrazia, l'abolizione del sistema delle caste. Il padre di Rabi aveva comprato nel deserto a nord di Calcutta quei sette acri di terra rossa e arida, li aveva piantati con palme, piccoli cespugli, rampicanti, sal, chatim – un bellissimo albero dalle foglie che sembrano di pizzo –, aveva fatto costruire un modesto edificio a un piano, poi a due piani, e una biblioteca, e aveva messo il tutto a disposizione dei pellegrini. Lo chiamò Shantiniketan, dimora di pace. Nel 1888, con un atto fiduciario, dedicò la casa all'uso di chi volesse fermarcisi qualche giorno, per la meditazione, per la ricerca dell'assoluto. Ogni tanto ci andava anche lui, con amici. Per alloggiare tutti (gli amici continuavano a crescere) fu necessario anche comprare un po' più di terra.

Rabi arrivò a Shantiniketan la prima volta con suo padre nel 1873, durante un viaggio che doveva condurlo poi ad Amristar, a Dalhousie, nell'Himalaya.

Ci tornò nel 1890, alla vigilia dei trent'anni, dopo viaggi, studi (modesti) in Gran Bretagna, la scoperta di una vocazione letteraria, il matrimonio con l'undicenne Mrinalini, la nascita di tre figli (cui seguiranno altri due), per scrivere alcune delle sue poesie (tra cui *Meghdut*, ispirata dalla pioggia). Ci tornò ancora di quando in quando per sottrarsi alla vita di Calcutta. Ci si trasferì definitivamente (se così si può dire per qualcuno che passò tutta la vita a girare il mondo) nel 1901, portando con sé anche la famiglia, la moglie e i cinque figli. Per loro voleva un'educazione e una vita diversa da quel "penal term" cui lui era scampato per miracolo anche per la lungimiranza paterna. Voleva un'educazione diversa anche per gli altri, per tutti, per tutti quelli che entravano in contatto con le sue idee. Voleva un'India diversa. Voleva un'umanità diversa.

Utopia? Shantiniketan è ancora là, molto diversa, cent'anni dopo, dalla scuola che Tagore fondò nel 1901 con il nome di Brahmacaryashrama, diversissima in spirito da quando, nel 1951, è diventata una "università centrale". È cioè dipendente dal governo centrale e si è, per così dire, normalizzata, ma con una storia che dà ragione al poeta.

"Sono parziale nei confronti di Tagore come educatore, avendo io stesso studiato a Shantiniketan," scrive Amartya

Sen, premio Nobel 1999 per l'economia, eminente studioso e uomo affascinante, in *India: a Mosaic* ("New York Review Books", 2000). "La scuola era insolita per molti aspetti diversi, come la stravaganza che le lezioni, salvo quelle che richiedevano l'uso di un laboratorio, erano tenute all'aperto, tempo permettendo." L'esperienza per il piccolo Sen e i suoi amici era ovviamente molto piacevole. "Da un punto di vista accademico la nostra scuola non era particolarmente esigente (a volte non dovevamo neanche fare esami)." Ma "c'era qualcosa di speciale nella naturalezza con cui le discussioni in classe potevano passare dalla letteratura tradizionale indiana al pensiero occidentale classico, e poi alla cultura cinese o giapponese o di un altro paese. L'esaltazione che la scuola faceva della diversità era in netto contrasto con il conservatorismo culturale e il separatismo che di quando in quando ha bloccato l'India".

Amartya Sen frequentava Shantiniketan quando già la scuola si era avviata, secondo i suoi critici (che sono tutti critici "dall'interno", i delusi, i traditi, le vestali di un progetto utopistico che con il tempo e la distanza dal suo fondatore è diventato un'istituzione), verso la normalizzazione e, quindi, la decadenza. Sua madre, una bellissima, elegante, eterea signora di oltre ottant'anni che vive ancora a Shantiniketan in una casa bianca e turchese tra cespugli di gelsomini, protetta dalla curiosità popolare per la mamma del premio Nobel da un piccolo plotone di soldati dell'esercito indiano accampati in due grandi tende kaki davanti al cancello, rievoca invece una Shantiniketan lontana che sembra un'anticipazione del sogno hippy, e ricorda quando, bambina scalza e ribelle, oltre che aspirante danzatrice, se ne stava seduta sulle ginocchia del vecchio Rabindranath, che la incoraggiava ad affrontare il suo percorso artistico, concretizzatosi poi in una carriera di ballerina e scrittrice.

Quella che Amartya Sen chiama "la celebrazione delle differenze" è l'aspetto che ha segnato in positivo l'esperienza a Shantiniketan di un altro grande bangalese, Satyajit Ray (che all'opera di Tagore si è ispirato per due film molto belli, *La casa e il mondo* e *Tin Kanya*, Tre figlie): "Considero i tre anni che ho passato a Shantiniketan i più produttivi della mia vita... Shantiniketan ha fatto di me il prodotto combinato di Oriente e Occidente".

Esattamente il sogno di Tagore. Che era diverso dal sogno di un altro grande indiano suo coetaneo o quasi, suo amico, suo contraltare ideologico, Gandhi (per cui fu proprio Tagore nella sua veste di poeta a coniare il termine che lo ha sempre accompagnato, Mahatma, "grande anima"). Bisogna subito dire che l'immagine di Tagore grande mistico d'Oriente è stata costruita in Occidente a beneficio degli occidentali. Tagore, con tutta la sua cultura indiana e orientale, con il suo senso della tradizione e del misticismo e le sue indianissime radici familiari, fu culturalmente un internazionalista, anzi un transnazionalista. Per questo, pur continuando a professare la propria ammirazione per Gandhi e la sua azione politica, pur non avendo mai attaccato pubblicamente il pensiero gandhiano, Tagore se ne distaccava tuttavia per quanto riguardava le sue convinzioni più profonde. Il nazionalismo di Gandhi, il suo conservatorismo circa le tradizioni del passato indiano, la sua campagna per l'uso dell'arcolaio, la charka, in ogni casa e in ogni capanna, lo lasciavano dubbioso e freddo – per non parlare dei dubbi di natura strettamente economica che il discorso suscitava. Era l'istruzione, pensava Tagore, e non la charka che avrebbe cambiato il destino dell'India (per chi volesse saperne di più c'è un interessante libro di R.S. Mani pubblicato dalla New Book Society of India, *Educational Ideas of Gandhi and Tagore*). Lo stesso iato si apriva sul fronte della vita sessuale. Gandhi proclamava i meriti dell'astinenza? Tagore la praticò per forza di cose: rimasto vedovo nel 1902 – poveretto, nell'infame decennio 1901-1910 la sua contabilità sentimentale dovette registrare dieci morti, la moglie, appunto, la figlia, il figlio e altri cari – non si risposò né accettò mai (almeno per quel che se ne sa) i disperati corteggiamenti di donne spesso intelligenti e bellissime (come l'argentina Victoria Ocampo, o la proustiana contessa di Noailles, affascinata dal suo genio) che avrebbero molto amato essere amate dal poeta. Ma in pubblico e per la vita pubblica Tagore contrapponeva all'astinenza di Gandhi la contraccezione e la pianificazione familiare. All'interpretazione religiosa di Gandhi – per esempio, in occasione di un devastante terremoto nel Bihar nel 1934, visto da Gandhi come un segno divino mirato a punire gli indiani che continuavano a evitare gli "intoccabili" – Tagore opponeva l'interpretazione laica, scientifica, oggettiva: un terremoto era un terremoto. Tagore era contro ogni forma di settarismo e nazionalismo e, con un'affermazione certamente sgradita in un'India ancora britannica, sosteneva che la nozione di libertà politica derivava dai pensatori inglesi e dalla pubblicistica inglese. Ma era anche l'uomo che dopo il massacro di Amitsar, il 13 aprile 1919, quando trecentosettantanove persone che partecipavano a una pacifica manifestazione vennero uccise e duemila ferite in un'ingiustificata sparatoria da parte dall'esercito del Raj, scrisse al viceré dell'India dicendogli che rimandava al mittente il "knighthood", il cavalierato che gli era stato attribuito quattro anni prima. Era un uomo che sapeva distinguere tra i governanti britannici e il popolo britannico. Era anche il poeta il cui messaggio pacifista parlava in maniera così universale che, dopo l'Indipendenza, la nuova India scelse come inno nazionale una sua canzone (*Jana Gana Mana Adhinayaka*, "la guida della mente del popolo"), e lo stesso fece il Bangladesh (*Amar Sonar Bangla*). Un caso forse unico di un poeta che incarna lo spirito nazionale di due paesi. E un caso che avrebbe fatto sorridere di piacere Tagore, l'uomo che non amava i nazionalismi e i confini.

Torniamo dunque al sogno di Tagore e di Shantiniketan (e semplifichiamolo, per forza). Shantiniketan doveva essere una risposta alla rigidezza e alla mancanza di interesse delle scuole britanniche nel Raj, pensate e realizzate per creare dei devoti e noiosi funzionari dell'Impero. Doveva essere una scuola di libertà per ragazzi tra i sei e i diciotto anni, dove ciascuno avrebbe trovato la sua strada, i suoi interessi, i suoi percorsi, in un libero rapporto con gli insegnanti, la natura, le materie di studio. Doveva essere una scuola assieme religiosa, nel senso che la percorreva, nei voti del suo fondatore, il senso del divino e che vi si mescolavano e rispettavano induismo vedico e puranico, buddhismo e jainismo, islamismo, cristianesimo e parsismo, ma allo stesso tempo laica, in cui nessuna religione avrebbe avuto il sopravvento sulle altre, in cui si rifiutavano le divisioni di casta e di classe (anche se in un primo tempo le diverse caste mangiavano e dormivano separatamente, la cosa durò molto poco), in cui ragazzi e ragazze stavano assieme e studiavano fianco e fianco, in cui si distillava il meglio del pensiero orientale e della cultura occidentale, in cui si studiavano a pari titolo l'inglese, che Tagore considerava uno strumento fondamentale, e il sanscrito. Una scuola in cui si imparava a vivere in armonia, in cui i ragazzi si autogestivano, amministravano la scuola, scrivevano i loro giornali.

Il 1901 è l'anno della creazione della scuola residenziale. E gli allievi di questa utopia pedagogico-filosofico-politica si contano, letteralmente, sulle dita di una mano: sono cinque. Non solo, le cose non vanno proprio benissimo. Come abbiamo anticipato, muore nel 1902, a soli trent'anni, la povera Mrinalini, l'ex moglie bambina, che si era rivelata una compagna meravigliosamente intelligente. Muore la diletta seconda figlia, Renuka, nel settembre 1903. Diventa sempre più violento e più duro il movimento nazionalista indiano – che biasima il comportamento troppo distaccato del poeta, non abbastanza "nazionalista". Nel 1905, gli inglesi impongono la suddivisione del Bengala (una prova generale della più tragica *partition* che nel 1947 dividerà il Pakistan musulmano dall'India a maggioranza induista) e muore il padre di Tagore. Alcuni collaboratori di Tagore sono arrèstati o diffidati dalla polizia per il loro atteggiamento antibritannico. È una serie di dolori e di lutti. Ma anche di successi. La fama della scuola cresce, attira collaboratori, muove le idee. Pratico e fiducioso nel potere della scienza, Tagore spedisce suo figlio Rathindranath a studiare agricoltura all'Università di Urbana, nell'Illinois: altro che filatura e charka, per lui è fondamentale un'opera di ricostruzione rurale. Sono gli anni in cui scrive la sua raccolta di liriche intitolata *Gitanjali*, che lo rivela al mondo letterario. Sono gli anni in cui il progetto di Shantiniketan cresce, grazie all'incontro con Charles Freer Andrews, un signore inglese che sarà poi chiamato dagli indiani "Dinabandhu", l'amico dei miserabili.

Tagore voleva ampliare il suo esperimento educativo alla ricostruzione rurale. Comprò per ottomila rupie, a Surul, non lontano da Shantiniketan, un vecchio edificio fatiscente, ex deposito della East Indian Railway Company. Andrews se ne sarebbe occupato? Per il momento sia C.F. Andrews sia W.W. Pearson, un altro inglese che lavorerà poi con Tagore, erano in partenza per il Sudafrica, dove avrebbero raggiunto Gandhi, e l'esperimento di Surul venne condotto dal figlio del poeta, Rathindranath (ma la malaria costrinse lui e i suoi collaboratori a sospendere temporaneamente l'iniziativa).

Poi all'improvviso, annunciata da un telegramma, la grande notizia: Tagore aveva vinto il premio Nobel per la letteratura per l'anno 1913. Era una consacrazione, pensava Tagore, che avrebbe aiutato il suo utopico progetto.

Non c'è dubbio che l'aiutò. Tutti i soldi del premio (non tanti come adesso ma, anche in termini relativi, parecchi: ottomila sterline di allora) andarono nella scuola, così come i diritti delle opere bengalesi di Tagore, così come, in passato, la casa di famiglia sul litorale di Puri, nell'Orissa, e i gioielli della povera e generosa Mrinanili.

Dopo il Nobel, Tagore fu travolto da un (ben pagato) tourbillon di incontri, conferenze, lezioni in giro per il mondo, dove la sua presenza esotica e probabilmente erotica – sempre più bello, sempre più nobile, sempre più teatrale – suscitava le reazioni più diverse, dall'ammirazione all'insulto razziale (si vedano le piccole imperdonabili volgarità con cui venne descritto in Italia), dall'innamoramento collettivo delle signore alle perfidie di certi letterati gelosi del suo successo.

Viaggiò in Europa, Sud America, Giappone. Tiravano venti di guerra e lui percorreva il mondo portando il suo messaggio di internazionalismo (spesso frainteso, spesso visto come ingenuo), di pacifismo, di cooperazione internazionale. E in piena guerra, nel 1916, Tagore decise che Shantiniketan sarebbe diventato un istituto di studi superiore, un "incontro dell'umanità". Il 22 dicembre 1918 venne ufficialmente costituita l'università di Visva Bharati. Il 22 dicembre del 1921 l'università fu inaugurata. Ci si potevano studiare filosofia hindu e cultura islamica, letteratura e storia bengalese, sanscrito, tibetano, tedesco, latino, arabo. E arte, pittura, scultura, danza, musica (in cui Tagore credeva moltissimo). Visva Bharati: indiana, molto indiana, ma allo stesso tempo, come scriveva Rabi, "un centro per lo sviluppo spirituale di tutto il mondo", un incontro tra Oriente e Occidente. Perché questo (anche) era il problema che Tagore percepiva: la chiusura della cultura indiana al resto del mondo. E la chiusura della cultura indiana agli sviluppi pratici.

Da questa chiusura e dalla necessità di rimediarvi nacque poco dopo l'altra metà di Shantiniketan, il suo volto speculare nel mondo reale, Sriniketan, il laboratorio rurale, il centro da cui doveva irradiarsi la cultura dello sviluppo agricolo, la scuola dove gli abitanti dei villaggi avrebbero potuto imparare le tecniche, conoscere gli strumenti, rinnovare i sistemi di coltivazione della terra. La sede sarebbe stata il vecchio edificio e il terreno comprato anni prima da Rabi, anche se l'uomo per condurre l'impresa era ancora da trovare.

L'incontro, racconta lo stesso protagonista in un suo ricordo autobiografico, avvenne su segnalazione di comuni amici, che dissero a Tagore, in quel momento in visita ufficiale a New York, come alla Cornell University studiasse un giovane inglese di nome Leonard Knight Elmhirst che aveva molta voglia di venire a lavorare in India. Imperioso e sintetico, Tagore telegrafò al giovane Elmhirst: "Vieni a incontrarmi a New York". Elmhirst si precipitò a New York per sentirsi dire da Tagore (citiamo dai suoi ricordi): "Ho a Shantiniketan un istituto per l'insegnamento e per le arti che è soprattutto accademico. È circondato di villaggi, alcuni hindu, alcuni musulmani, alcuni santal, ma tutti in pessime condizioni: tutti avevano un'antica cultura, ma oggi sembrano malati. Stanno morendo. Vieni ad aiutarmi a scoprire perché? Prenderesti in considerazione di venire a vivere in un villaggio? Allora perché non prendi la nave con me domani?".

Tipico Tagore. Elmhirst saggiamente obiettò che era forse meglio per lui finire il suo corso a Cornell, ma che sarebbe sicuramente arrivato. E arrivò, il 28 novembre 1921. Si riservò qualche tempo per imparare il bengali e il 5 febbraio 1922 si trasferì con un piccolo drappello di collaboratori a Surul, accampandosi attorno al vecchio edificio comprato a suo tempo da Tagore. Ci fu subito, per cominciare, qualche problema legato al sistema delle caste.

I tre giovani bramini del gruppo di volontari di Surul non immaginavano neanche lontanamente che ci si potesse aspettare da loro di svuotare i propri pitali – e attendevano che lo facessero dei servitori. Si decisero, racconta ancora Elmhirst, quando videro fare a lui stesso l'operazione. Non ci fu più bisogno di spiegare che tutti dovevano collaborare allo stesso modo. Commentava Tagore: "In India, la vera ragione della debolezza che blocca il nostro spirito di libertà nasce dagli insuperabili muri sociali che alziamo tra la gente".

In quella che nel 1923 venne ribattezzata "Sriniketan" Elmhirst fece tutto e di tutto: insegnò ai contadini ad accendere il fuoco nella maniera più razionale, a difendersi dagli incendi, a seminare, a irrigare, a concimare (vennero usati qui per la prima volta in India i concimi chimici, nel 1926). Ma l'ambizione di Tagore era più vasta. Oltre agli sviluppi dell'agricoltura voleva quelli sociali e medici: venne organizzato un minisistema sanitario che aveva come scopo principale di debellare la malaria, furono create società cooperative di assistenza sanitaria. A Sriniketan operavano economisti, esperti di agronomia, assistenti sociali, medici, levatrici, specialisti vari. Venne costituito una sorta di movimento scout in ogni villaggio (quasi duecento quelli coinvolti nell'impresa di Sriniketan) con l'idea di accrescere il senso dell'autoresponsabilità e il senso della cooperazione. Furono aperte scuole di artigianato per il cuoio, la tessitura, il ricamo, la ceramica, la manifattura di durries, i bei tappeti indiani di cotone. Nel 1927 fu fondata una banca, la Visva Bharati Central Cooperative Bank, che si rivolgeva a un bacino di trecento cooperative. Il tentativo era di rendere questa avventura non solo socialmente lodevole ma anche, alla fine, redditizia. Qualche anno prima (nel 1923) Elmhirst era stato richiamato da Tagore per lasciare spazio al personale indiano – e perché voleva che viaggiasse con lui. Nel 1925, Leonard Elmhirst sposò Dorothy Whitney Straight, una generosa ragazza inglese piena di soldi e ideali, che aveva a lungo finanziato con molto denaro l'avventura di Sriniketan. Con Dorothy Elmhirst fondò una comunità agricola modello in Inghilterra, nel Devon, Dartington Hall, quello che Ravi Shankar in un suo ricordo personale definisce "un ashram con tutte le comodità moderne". Tagore aveva a Dartington una sua piccola capanna su un colle, per quando veniva in visita.

Sriniketan procedeva.

E procedeva anche, con successo, l'università – con successo e con qualche piccola ombra politica. La libertà e l'indipendenza costano care. Molti studenti di Visva Bharati erano nazionalisti che aderivano al movimento della non cooperazione con gli inglesi, e avevano lasciato le università ufficiali, legate alla cultura britannica, gettando alle ortiche la possibilità di avere una laurea ufficiale. Nel 1925, Tagore accettò tuttavia di ospitare gli esami ufficiali organizzati dall'università di Calcutta. Voleva dire accettare un'autorità esterna. Non dev'essere stato facile. Venne fondata una piccola casa editrice che pubblicò, per cominciare, le opere di Tagore. Si organizzavano spettacoli. Si produceva cultura. Si facevano feste: una, molto singolare, era la Gandhi-punyaha, in ricordo della visita compiuta da Gandhi il 10 marzo 1915, quando il Mahatma aveva osservato che sarebbe stato meglio, in omaggio a un ideale di swaraj, di parità, se gli studenti e i professori non si fossero lasciati servire dai servi. L'esperimento durò pochissimo, il tempo della visita di Gandhi, e tutti tornarono alla pigra abitudine di farsi servire. Ma alla Gandhi-punyaha, per un giorno, in onore del Mahatma tutti puliscono le stanze e le aule senza ricorrere al personale di servizio.

Il 7 agosto 1941 Tagore morì, lasciandosi alle spalle una leggenda, un corpus di opere su cui ancora si discute se siano grande poesia o eccellente folklore, e la sua università, la sua adorata creatura. Negli ultimi anni della sua vita l'irrequietezza si era fatta sempre più forte, come se il fatto di non poter più viaggiare liberamente come prima lo spingesse a trovare un'altra forma di movimento.

E guardiamo dunque la vicenda delle varie case che Rabi ha occupato a Shantiniketan, in quel bel terreno ben tenuto e ben cintato che si chiama Uttaryan Garden. Prima la casa fornita di un salone all'aperto, un tetto sostenuto da quattro colonne, costruita così per la meditazione e per vedere lontano, per poter sedere a riflettere senza essere bloccato dai muri o dalle cornici delle finestre. Poi altre case, nessuna delle quali durava a lungo. Prima, a sentire i testimoni, Rabi cominciava a sistemare in maniera diversa i mobili, poi si trasferiva in un'altra stanza, poi chiamava il suo architetto e gli chiedeva di costruirgli un ulteriore padiglione.

Non erano grandi cose o grandi case: la più curiosa e la più semplice è la casa di fango che Tagore chiamò "Shyamali", che si fece costruire quando aveva settant'anni e che pensava fosse il luogo in cui avrebbe passato le sue ultime ore. Era un esperimento che sarebbe servito anche per i villaggi, perché i costi di costruzione e materiali erano ridottissimi. Nandalal Bose, il pittore che era anche il capo del dipartimento d'arte di Visva Bharati, ne preparò le decorazioni pittoriche con l'aiuto dei suoi studenti. Tagore inaugurò la casa il giorno del suo settantaquattresimo compleanno, nel 1935. Un anno dopo il tetto di paglia, che era stato trattato a prova di fuoco, crollò – in compenso – per le piogge. Venne sostituito. E Gandhi e sua moglie Kasturba furono ospitati nella bellissima casetta di fango, dove ritornarono ogni volta che venivano a Shantiniketan, anche dopo la morte di Tagore. Poi ci fu la casa che si chiamava "Punasha", dove Rabindranath dipinse la maggior parte dei suoi quadri. Ma, chissà perché, ci si sentiva claustrofobico. E fu la volta di costruire "Udichi", ovvero la casa "verso il nord". Infine ci fu "Udayan", da cui il poeta malato lasciò Shantiniketan per l'ultima volta il 25 luglio 1941. Sono tutte vicine, in un bellissimo giardino di sal e di chatim, accanto all'edificio chiamato "Vichitra" che oggi ospita l'interessante museo dedicato a Tagore.

Che cosa trova adesso il viaggiatore che si lasci alle spalle il caos di Calcutta? Non può fare a meno di pensare che Tagore ha avuto ragione, con tutte le difficoltà, i cambiamenti e le degenerazioni che la sua utopia ha incontrato. Il campus di Visva Bharati com'è oggi è certo diverso, nei contenuti se non nelle forme di un'architettura che è la stessa da ottant'anni, solo un po' crepata dal sole implacabile del deserto e dalla tendenza indiana a non ripitturare mai nulla. Visva Bharati, secondo le interpretazioni più affettuose e al tempo stesso crudeli, ha cominciato a spegnersi dieci anni dopo la morte di Tagore (e quattro dopo la morte di Gandhi, che alla scomparsa dell'amico si era preso molto a cuore la sua iniziativa), quando, nel 1951, venuta meno la forza propulsiva del grande trascinatore, è diventata una delle dieci università centrali, direttamente agli ordini di Nuova Delhi, e scissa nel continuo contrasto tra il governo centrale e quello regionale comunista del Bengala, tra la voglia di libertà e la necessità di non dispiacere a chi tiene i cordoni della borsa.

Se ci si distrae, se non ci si ricorda che tanti anni sono passati, sembra di essere nella scuola che Tagore voleva e descriveva: i tremila studenti fanno ancora lezione sotto i sal e gli eucaliptus, i rapporti sono gentili, l'atmosfera è quella di un'isola dove la durezza della vita indiana è stata espulsa, respinta ai margini. A Visva Bharati l'accento continua a restare sulle arti, ma si studiano anche scienze, lingue, economia. Il campus appare come una Cambridge tropicale, minimalista, modernista, sincretista, ombrosamente calda, dove grandi e piccoli studiano sotto la trina leggera della chioma dei chatim e lungo i viali ben disegnati e ben tenuti (dov'è finito tutto il ciarpame indiano?) le ragazze girano disinvoltamente in motorino e in bicicletta (ma senza rinunciare al sari e agli ombrelli da sole che portano con un grazioso equilibrismo). A Visva Bharati i ragazzi innamorati si tengono per mano sotto il naso di tutti, ci si sposa, si fanno i bambini, e il circolo della vita continua e cresce sempre all'ombra di Tagore, della sua utopia libertaria, delle regole di una società senza classi e senza caste, dell'architettura da lui voluta: un déco arrotondato, che bagna tutto in una serena luce ocra, rifiuta le volute orientali, sposa, anche in quel simbolo-sintesi che è il disegno architettonico, l'Oriente e l'Occidente.

Sotto sotto le cose, certo, non sono così idilliache. La scuola e l'università di Tagore erano un'altra cosa da quelle di oggi, dicono tutti i testimoni, a partire dalla bella signora Sen, la mamma di Amartya. Non c'è più quel bel senso di anticonformismo e di fermento intellettuale di allora, quando il poeta scriveva per lei bambina dei versi che celebravano la sua voglia di libertà.

Lo dicono anche molti degli insegnanti della vecchia guardia, che sono in pensione ma continuano ad abitare ai margini di questa singolare comunità ad alta concentrazione di intelligenza. "L'università ha bisogno di studenti e professori, e non se la sente di restare la scuola non conformista di Tagore" dicono. "Tutto ciò che è anticonvenzionale, che è una sfida, fa paura." "L'idea con cui la scuola è cominciata, che i poveri e i contadini imparassero e portassero questa cultura nella loro vita, a lungo andare si è diluita." "La struttura dell'insegnamento è meno libera. Un tempo gli studenti di Visva Bharati venivano per imparare, non si preoccupavano di voti e di lauree, non venivano per l'impiego, né le ragazze, che sono ormai la maggioranza, per cercare un marito in una comunità controllata e protetta."

Tra le ex allieve di Shantiniketan la più famosa è Indira Gandhi, carinissima ma già severa nelle immagini giovanili, che qui studiò (e forse, vista l'estrema durezza della signora, non fece tesoro di certi messaggi educativi), occupando una bella stanza dai muri e dal pavimento dipinti in un collegio femminile, ora molto malconcio ma pieno di vita, di biciclette e di splendide ragazze, che vanno e vengono disinvoltamente nel buio pesto della notte tropicale, tutte felici di dichiararsi soddisfatte della loro università.

Ma l'utopia di Tagore, la città-università dove le caste si mescolano, dove i figli dei ricchi e i figli dei poveri, i bramini e gli intoccabili, gli europei e i santal – i miserabili "tribali" così fuori da tutto che sono fuori anche dal sistema delle caste –, i contadini e i principi siedono fianco a fianco, dove le religioni si fondono in un generale spiritualismo, senza confini e senza limiti, dove Est e Ovest danno il meglio della loro cultura?

"Ci sarebbe bisogno di un Tagore," scherza amaro Ajit Neogy, professore di storia in pensione, impeccabilmente elegante e nobile nel suo dhoti, sullo sfondo del minuscolo appartamentino che Visva Bharati garantisce ai suoi pensionati. "Nella scuola non ci sono separazioni di sesso e casta, e dio sa quale conquista sia questa in India. Ma chi può permetterselo preferisce andare a studiare altrove." Il secondo perno dell'utopia di Tagore, Sriniketan, fornisce dei pigri corsi di artigianato che non si sa bene come commercializzare. E il terzo, la diffusione della cultura sanitaria, ha funzionato bene fino al 1980, quando l'ultima cooperativa della salute ha chiuso: gli abitanti dei villaggi circostanti hanno sì imparato a difendersi in qualche misura dal grande flagello della malaria, ma non con il successo che si auspicava.

Eppure qui si respira un'aria diversa, l'aria di un'oasi intellettuale e culturale. Basta aprire il sito www.gate.net/tonu/Htmlf/TagoreSan.Html, dove un discendente dell'anarchico Kalimoham Gosh, protagonista dei tempi pionieristici di Visva Bharati, parla della fierezza di essere un abitante di Shantiniketan di terza generazione, erede di insegnanti, artisti, intellettuali tolleranti e aperti: insomma, il prodotto di un'utopia forse imperfetta ma in parte realizzata. Che si è lasciata dietro il peggio, e il pittoresco, dell'India per prenderne solo il meglio.

Basta passare dalla casa di Eleonora Caturegli, docente di italiano (con successo) a Visva Bharati, e di suo marito Abani, allievo e amico di Grotowski, attore e regista che con lui ha studiato a Cracovia, anima di un gruppo di artisti e musicisti che si chiama Milon Mela. Anche qui spira un'aria di utopia: nella loro casa rossa ai margini di Shantiniketan, in un boschetto, arrivano e si accampano i Baul, che fanno musica con loro, musica per tutti, musica che parla a tutti. Come se lo spiritello del poeta fosse ancora lì a suggerire che le culture, per dare frutti, debbano intrecciarsi.

2.
Nomadelfia

Don Zeno "laico" davanti a San Pietro (1957)

Questa volta la storia potrebbe cominciare qui, da una fotografia scattata il 16 gennaio 1916, in piena guerra. È una foto di gruppo, una foto di famiglia, meglio ancora, una foto di gruppo in un esterno, e l'esterno è un'aia padana, carpigiana. Davanti, in primo piano, un prete, due ragazzine piccole, due ragazzini, degli adulti, alcuni protetti da grandi cappottoni scuri, per via del freddo che dev'essere pungente, e fra loro ecco il patriarca baffuto, mento in alto e lobbia in testa. Il nostro protagonista è seduto a sinistra, con i capelli ben divisi in mezzo, un papillon da dandy delle pianure e la faccia intensa che gli conosciamo da un'altra foto di qualche anno prima, ancora in tempo di pace, in mezzo alla simpatica marmaglia dei suoi compagni di scuola. Tra tutte quelle faccette proletarie e campagnole la sua spicca per l'intensità dello sguardo, tanto che, anche a non sapere chi sarà, chi diventerà, già si intuisce che quello è un ragazzino speciale.

Ecco, la storia di Nomadelfia potrebbe cominciare così. O anche, diversamente, potrebbe partire da oggi. Allora potremmo dire che se si imbocca la strada che porta da Grosseto a Siena, all'ottavo chilometro, in mezzo al dolcissimo paesaggio maremmano tutto querce da sughero e macchia mediterranea cresciuta in panettoni di verzura, si vede sulla sinistra una collinetta tondeggiante sormontata da una croce. E in mezzo al verde si vedono delle tettoie, degli hangar, delle case prefabbricate, dei vecchi casali restaurati alla bell'e meglio, delle piazzette che si sviluppano attorno a una quercia, una chiesa, un cerchio di panchine.

All'ingresso della proprietà, parola che stride in questo contesto in cui la proprietà è sconosciuta, una pietra incisa annuncia in caratteri latini, greci, cirillici, ebraici, arabi che siamo a Nomadelfia, il luogo dove la fraternità è legge.

E se di proprietà si tratta, è una "proprietà" di trecento ettari dove abitano trecentocinquanta persone, dove i beni sono in comune, non circola denaro e non esiste proprietà privata. Dove ogni famiglia è disposta ad accogliere i figli in affido, dove non si fa distinzione tra i figli del sangue e quelli che arrivano da fuori, dove la paternità e la maternità sono vissute in solido – ciascun adulto è padre e madre di tutti i ragazzi –, dove le famiglie si riaggregano in gruppi familiari più grandi e ogni tre anni questi stessi gruppi sono rimescolati – un po' dal caso, un po' dai responsabili della comunità – e spostati, nel corso di una turbolenta giornata in cui ciascuno si porta dietro solo gli stretti e pochi effetti personali, verso una nuova casa, una nuova superfamiglia, un nuovo clan, nel tentativo di tarpare gli affetti selettivi, di impedire che la fraternizzazione di un gruppo diventi troppo stretta, di aprire le relazioni a tutte la comunità.

Sono arrivata a Nomadelfia proprio nel giorno (di settembre) del trasloco triennale, e a mezzogiorno le case appena ricomposte – undici famiglie per ogni gruppo – si sono ritrovate a tavola, tutta gente che già si conosce ma che prima non era mai vissuta insieme, a mangiare il pasto di mezzogiorno cucinato fantasiosamente e saporitamente dalle donne – pasta di due tipi, pesce fritto, insalate, funghi raccolti il mattino stesso e arrostiti sulla piastra, il vino della casa –, a sedersi attorno alle lunghe tavolate di questa cultura patriarcale ricostituita, a scoprire la nuova famiglia allargata con cui ciascuno avrà a che fare nei prossimi tre anni. Poi via, tutti a lavorare – quel giorno a raccogliere le olive, grandi, bambini, vecchietti – come se quel sommovimento che ha spostato come altrettante pedine le cinquanta famiglie e le ha riaggregate in nuovi equilibri, nuove spinte, nuove intimità non ci fosse neanche stato.

La fratellanza è un valore assoluto, qui, che non ha incrinature. E se al tavolo che mi ospitava c'erano tante belle ragazzine con i capelli rossi e gli occhi blu e l'aria, ma solo l'aria, di avere come padre biologico il signore che mi faceva da Virgilio nella realtà di Nomadelfia, c'era anche il ragazzo visibilmente difficile, e il vecchietto strano, e la signora *racée* ed eccentrica che vive ormai da cinque anni a Nomadelfia e che sembrano essere tutti membri di una stessa gigantesca, tollerante, stravagante famiglia.

È il regno di Utopia realizzata? Non proprio e non solo. E – metto le mani avanti – è anche una realtà difficile da accettare fino in fondo per un laico, non si parli di chi sia o sia stato marxista, e neppure di chi aderisca a un credo strettamente femminista. Ci sono delle cose che stridono, dei ruoli patriarcali cui un'intera generazione si è lungamente ribellata che qui sopravvivono e lasciano perplessi. Eppure, il posto è speciale, lo si sente appena ci si arriva. Speciale come quel ragazzino padano con il papillon e i capelli irti della fotografia. Questa è la sua creatura. E a lui, adesso, torniamo.

Non avrebbe potuto essere altro che padano, il nostro Zeno. Non avrebbe potuto essere altro che il frutto di una terra dove Don Camillo e l'onorevole Peppone si sono sempre voluti bene, dove le famiglie sono grandi e generose, dove è possibile per un prete condividere i sogni dei socialisti e viceversa. Lui, Zeno Saltini, nato il 30 agosto 1900 in una benestante famiglia patriarcale di Fossoli di Carpi, in provincia di Modena, è diventato prete tardi, dopo un percorso umano e politico molto curioso. Per questo la sua utopia (ma non è un'utopia, perché è realizzata, dice un po' seccato don Enzo, secondo successore di don Zeno, ottantacinquenne, con qualche bypass e qualche osso malconcio, ma forte e gentile) ci piace: perché è frutto di un'esperienza di vita molto ricca e composita, perché è più di un'esperienza religiosa, perché è un esperimento sociale.

Era il nono di dodici figli, Zeno, dodici figli di cui molti si impegneranno in imprese sociali e religiose importanti – come Marianna, Mamma Nina, che farà nascere a Carpi la Casa della Divina provvidenza, creata per occuparsi di ragazze in stato di abbandono. O come don Vincenzo, che creerà l'Istituto degli Oblati, destinato a formare sacerdoti in grado di diventare educatori nei seminari.

Era il nono di dodici figli e doveva essere un tipo tosto. Per esempio, a quattordici anni Zeno decide che non vuole più andare a scuola. Che scemenza, che perdita di tempo. La cosa incredibile è che, potere del suo carisma e della sua serietà, in famiglia capiscono le sue ragioni e glielo lasciano fare. Interviene persino il parroco, ad aiutarlo – vero è che anche in questo caso si tratta di un tipo speciale, a quanto pare. Si chiama don Sisto Carmagnoli, ed è "un pescatore di anime fra i più zelanti", come lo descrive don Zeno nel suo volumetto *Tra le zolle*: *un prete vicino al movimento reggiano dei preti plebei*.

Bref, Zeno vince, e va a lavorare nei poderi di famiglia, prende coscienza attraverso il socialista Righin e l'esperienza quotidiana di che cosa sia la vita dei braccianti. E già un po' lo sa, perché in occasione delle lotte bracciantili del '12 ha scoperto come possa essere dura la loro azione: dura come la loro esistenza quotidiana.

A diciassette anni Zeno va soldato. Manca un anno alla fine della guerra. E quando arriva la pace resta sotto le armi. Sotto le armi, accumula ottantacinque giorni di consegna in caserma, e da una discussione con un anarchico più abile e più sapiente di lui – tema: il fatto che Cristo e la chiesa sono di ostacolo al progresso umano – esce, racconterà lui, dialetticamente sconfitto.

Poteva succedere che Zeno, sulla scia di questa discussione e di questa sconfitta, abbracciasse anche lui l'idea anarchica. Succede il contrario. Per dimostrare all'amico-nemico che non tutti i cristiani sono tali solo a parole, annuncia: "Cambio civiltà cominciando da me stesso. Per tutta la mia vita non voglio più essere né padrone né servo".

È così che comincia la vera storia di don Zeno Saltini, la sua ricerca, e la storia di quella che diventerà Nomadelfia. È anche l'inizio, mi si passi la parola, di una "carriera" straordinaria. Difficile sottrarsi al carisma e al fascino intellettuale del ragazzo Zeno, come dimostrano le tappe della sua storia, che a volte sembrano noiose ma che sono passaggi altrettanto importanti. A vent'anni è nominato presidente della federazione diocesana dei circoli dell'Azione cattolica. Viene rieletto due volte, nel 1924 e nel 1926. Supera la maturità, fonda il suo primo giornale. Il futuro sacerdote si butta, nel 1924, nella sua prima avventura comunitaria per dedicarsi all'apostolato. Con lui e i suoi compagni vivono dei ragazzi abbandonati: è il nucleo, il seme, l'idea di quello che succederà poi. Per ora la sua organizzazione si chiama Opera realina. Siccome è giovane e sportivo, è anche presidente dell'associazione ciclistica Pedale carpigiano – che però l'anno dopo i fascisti sciolgono. Non è la cosa più grave. Dopo tre anni le pressioni politiche lo costringeranno a chiudere anche l'Opera realina. Il vescovo di Carpi cerca di consolarlo, ma le cose sono quelle che sono: certi esperimenti sono troppo avanti per i tempi.

A proposito di tempo: per non perdere tempo don Zeno si iscrive a giurisprudenza alla Cattolica di Milano, poi si trasferisce a Verona presso don Giovanni Calabria, e in seguito passa sette mesi con gli ex carcerati di Niguarda, spacciandosi per uno di loro. Ma la bugia non è un peccato? Ovviamente non quando si hanno le migliori intenzioni, come Zeno, e la menzogna è uno strumento per fare del bene. Comunque, racconta, lui è andato dal direttore dell'Opera Cardinal Ferrari, dicendogli "se mi fai passare per un ex carcerato, sto qui sette mesi a vivere con loro" e quando lui gli chiede perché, gli risponde che era per conoscerli, perché nessuno li conosceva veramente, quegli esseri infelici. Gli ex carcerati veramente devono aver sgamato che Zeno non era come loro, perché gli dicevano che aveva proprio l'aria del bravo ragazzo. Lui, mentendo ancora, diceva di essere "una brace sotto la cenere... più delinquente di tutti voi".

Nel 1929, *annus horribilis* per le conseguenze sociali che porterà con sé, Zeno si laurea, entra in seminario e ne esce un anno dopo aver completato gli studi. Il 4 gennaio 1931 viene ordinato sacerdote, il 6 dice la sua prima messa e, per la sua prima messa nella cattedrale di Carpi, accoglie come figlio un ragazzo di diciassette anni appena uscito dal carcere, Danilo "Barile", che le foto ci rimandano con la coppola in testa, l'aria da duro, bassetto, i pantaloni corti, le ginocchia che escono robuste dai calzettoni. È il primo figlio, è il germe di Nomadelfia.

Don Zeno è ormai il viceparroco di San Giacomo Roncole, in provincia di Modena. Enzo Biagi, che è stato suo amico e ammiratore, racconta dalle pagine de "La Stampa" l'inizio della avventura dell'Opera piccoli apostoli. Don Zeno, spiega, aveva scoperto come a San Giacomo Roncole ci fossero seicento bambini, di cui la metà figli di braccianti poverissimi o senza genitori. La cosa non gli andava giù. E tanto fece che il vescovo di Carpi, travolto dalla sua irruenza, gli darà i mezzi per comprare un palazzo davanti alla chiesa, che diventerà la casa per i Piccoli apostoli, cui don Zeno aggiungerà poi un cinema-teatro, dal quale rivolgerà dei gran discorsi al pubblico durante gli intervalli, e quindi, fiducioso nel potere del cinema come altri grandi seduttori di folle, da Mussolini a Lenin, altri dieci cinema in tutta la zona.

Non sappiamo che film presentasse, ma la sua oratoria era certo incendiaria se nei suoi ricordi un senatore comunista che fu bambino da quelle parti ricorda che don Zeno "squarciò l'orizzonte per indicarci che esisteva una verità che era al di fuori della mistificazione fascista, e ci stimolò a pensare criticamente al fascismo". Tono agiografico a parte, tutto sembra indicare che dovesse essere vero. Simmetricamente, il podestà di Mirandola scriveva al prefetto di Modena che "il contegno oratorio del sacerdote Saltini don Zeno suscita commenti sfavorevoli nell'ambiente fascista". È la fine dei discorsi di don Zeno durante l'intervallo. Un problema risolubile. Perché don Zeno dà inizio a dei discorsi in chiesa prima che la gente vada al cinema...

L'Opera, intanto, cresce. E cresce anche durante la guerra. Don Zeno dopo aver scritto un libro, *Tra le zolle*, ne scrive un altro, *I due regni*. E nel 1941 arriva anche una svolta radicale, con una ragazza di nome Irene, diciotto anni, figlia di una buona famiglia locale, che scappa di casa e si presenta a don Zeno offrendo di occuparsi dei bambini più piccoli. La fuga di Irene portò all'inizio qualche non piccolo problema, perché certo suo papà non era contento – chi lo sarebbe stato? – e mise in campo, per recuperare la figlia, marescialli e carabinieri, alle prese con questo singolare caso di plagio, seduzione, rapimento... Ma il caso di Irene fece germinare anche un'idea importante. Fu attraverso di lei che a don Zeno venne l'idea di definire la figura di quelle che saranno da lui poi chiamate le "mamme di vocazione": "Vergini non consacrate [Dio, che brutta definizione; *N.d.A.*] che rinunciano al matrimonio per accogliere figli abbandonati", o comunque, diciamola più pianamente, ragazze che non sono suore e che comunque rinunciano al matrimonio scegliendo una forma diversa di maternità.

I primi due "figli" di Irene si chiamavano Miro e Romano. Per loro Irene andava tutti i giorni a chiedere l'elemosina: perché non c'erano risorse, c'era la guerra, c'era la fame. E intanto la famiglia dell'Opera cresceva. Nel 1942 arrivò don Luigi Bertè, cui don Zeno con un atto di imperio cambiò il nome in Enzo, in ricordo di un seminarista amico morto per mano fascista. I capifamiglia di San Giacomo Roncole vennero invitati a entrare in un'Unione dei padri di famiglia. Entrarono nell'Opera altri sette sacerdoti, che formarono l'Unione dei sacerdoti piccoli apostoli.

"Finalmente la tirannia antistorica e anticriterio gonfia di egoismo e di violenza è caduta per sempre" scriveva don Zeno il 30 luglio 1943, cinque giorni dopo la caduta di Mussolini. "È caduto un regime che ha rovinato l'Italia e incretinito la gioventù... Guai a coloro che credono che essere cristiani significhi anche essere conigli." È un invito a ribellarsi. E infatti don Zeno viene debitamente arrestato, minacciato di fucilazione – e liberato dopo poche ore per timore di tumulti di piazza. I tumulti di piazza in realtà li provoca lui: tre giorni dopo l'8 settembre guida la popolazione al deposito destinato all'ammasso e fa distribuire il grano prima che i tedeschi lo requisiscano. Il 9 settembre sono arrivati a cercare rifugio nella casa di don Zeno ventiquattro fra bambini e bambine ebrei, quelli che erano fino ad allora raccolti e protetti sotto false identità a Villa Emma, a Nonantola. I tedeschi fanno irruzioni e ispezioni. In qualche modo i sacerdoti riescono a proteggere e nascondere i loro piccoli ospiti. Pochi giorni dopo, con venticinque ragazzi in età di leva, don Zeno parte verso il sud, per evitare che vengano arruolati nelle file della Repubblica di Salò, ma soprattutto per evitare di attirare sui Piccoli apostoli, con la sua presenza, rappresaglie e difficoltà.

Rappresaglie e difficoltà che ci saranno comunque: l'Opera è presa di mira, nel 1944 cercheranno di disperderla. Anche perché l'impegno dei ragazzi di don Zeno nella Resistenza si fa sempre più forte. Il seminario di Nonantola è diventato un centro della resistenza modenese. Uno dei suoi sacerdoti, don Ennio, procura documenti falsi a ebrei e perseguitati politici, e organizza l'invio di viveri ai gruppi di partigiani che combattono in montagna. E ci sono vittime. Per la delazione di una staffetta, don Ennio e altri due sacerdoti sono arrestati e consegnati alle Brigate nere e poi alle SS. Dopo quindici giorni di interrogatori e di percosse, sei giovani amici dei sacerdoti saranno impiccati davanti alla sede dei Piccoli apostoli. Otto su ventotto dei giovani apostoli muoiono. Viene fucilato uno dei sacerdoti, don Elio Molinari.

Questa cronaca frettolosa vuol solo far capire che il lavoro di don Zeno aveva inoculato nei suoi protetti e in chi lavorava con lui un giusto atteggiamento antifascista. Ed ecco infatti che lo ritroviamo alla fine della guerra vicesindaco del comune di Mirandola, nominato dal Comitato di liberazione nazionale. In quelle giornate turbolente, eccitanti e tragiche, dal balcone del municipio, basco in testa, don Zeno parla per calmare gli animi e, grande oratore popolare, inventa la storia dei "du mucc": "Fate due mucchi, chi ha soldi da una parte, chi non ne ha dall'altra. Giacché noi che non abbiamo soldi siamo la maggioranza, se non ci dividiamo in partiti, andremo al potere senza spargimenti di sangue". Pubblica *La rivoluzione sociale di Gesù Cristo* e continua a sperare in una piccola rivoluzione sociale e umana: che non arriva però neanche dalla sua associazione Padri di famiglia, i quali, di fronte all'ipotesi di una vera vita comunitaria, si spaventano. Impetuoso come sempre, scioglie l'associazione. Vi farò vedere io come si fa...

È così che il 19 maggio 1947 i Piccoli apostoli guidati da don Zeno, con un gesto dal valore altamente simbolico oltre che pratico, occupano pacificamente l'ex campo di concentramento di Fossoli, il campo dove durante la guerra erano stati rinchiusi ebrei e prigionieri politici. Era da tempo che don Zeno, per ragioni sia pratiche (trovare un luogo dove alloggiare i suoi ragazzi) sia ideologiche (un messaggio molto forte, quello di rendere un luogo di vita quello che era stato finora un luogo di disperazione e di morte) aveva chiesto l'uso del campo. Ma il governo non glielo aveva voluto concedere. L'occupazione parte come una marcia gioiosa, festosa, commovente. I ragazzi costruiranno la loro città. Sono da vedere le foto e fanno piangere di commozione le immagini in bianco e nero dei film che registrano quel pacifico e tumultuoso assalto ai fili spinati, alle baracche, ai capannoni che erano stati il punto in cui gli ebrei e i deportati politici italiani venivano radunati prima di essere mandati nei campi di concentramento e di sterminio in Germania. Le ex case dell'odio non contenevano né letti, né fornelli, né lenzuola. Non c'era luce, non c'erano strade. L'assalto dei ragazzini guidati da Don Zeno si svolge in una bella mattina tersa, al suono della banda. Le guardie di quello che era stato un posto cupo e sinistro, l'anticamera della deportazione, una porta sul nulla, corrono ad aprire i cancelli e ad accogliere quella gioiosa tribù.

In pochi mesi, mentre finalmente il ministero degli Interni prende in considerazione lo stato di fatto e dà la sua autorizzazione, i trecentocinquanta bambini e i trecento giovani di don Zeno ripuliscono il campo, rendono accoglienti le baracche, riorganizzano la vita. Sono orfani in pantaloncini corti, le gambe magre con le ginocchia sporgenti, ragazze con le belle facce forti delle contadine padane, giovani uomini ridenti, tutti con le carriole, le vanghe, gli attrezzi per costruire la loro nuova vita. È il mondo umano di Nomadelfia, entusiasta e pratico, poco ideologico, generoso. "Avevamo anche comprato tre poderi per un complesso di circa 50 ettari che si coltivavano come scuola agraria" ricorda don Zeno. "Si organizzarono laboratori e scuole elementari per trecentocinquanta alunni e corsi di recupero e di lavoro per circa trecento giovani." All'inizio del febbraio 1948 cominciano anche a studiare una costituzione. Nasce un popolo nuovo, il popolo di Nomadelfia, là dove la fraternità è la legge. Anche i minorenni sottoscrivono la Costituzione.

È tutta da leggere, la Costituzione di Nomadelfia. È da leggere perché è la codificazione di un sogno o di un'utopia, appunto, di fratellanza vera. I confini generosi ed egoistici della famiglia nucleare e patriarcale si dissolvono in una famiglia allargata che non riconosce i confini del sangue e delle affinità parentali. L'amore per i ragazzi è alla base di tutto. Il senso della comunità è fondamentale.

Nomadelfia cresce. Nel marzo del 1948, don Zeno si prepara ad accogliere centoventi bambini del brefotrofio di Roma, quelli che nel gergo burocratico vengono chiamati, che ci crediate o no, “scartini”, i ragazzi di scarto, quelli che nessuno vuole in adozione perché brutti, difficili, o troppo grandi. A Fossoli, a Nomadelfia, arrivano orfani e ragazzi senza famiglia da ogni parte della disastrata Italia postbellica. Arrivano coppie di giovani (la prima è quella composta da Nellusco e Anna) che propongono a don Zeno di allargare la loro famiglia ai figli “accolti”, con la promessa di amarli come figli del sangue. “Donna ecco tuo figlio, figlio ecco tua madre,” sono le parole con cui don Zeno li affida uno all'altra davanti all'altare, in una sorta di matrimonio tra genitori e figli.

Ma dare da mangiare a tante bocche non è una cosa facile. Don Zeno e la sua Nomadelfia – che pure si è allargata, che ha acquistato qualche ettaro di terra in più, che produce qualcosa – sono sempre sull'orlo del baratro economico. Gli aiuti arrivano, ma non sempre bastano. Le gerarchie ecclesiastiche non sono contente, anche se il papa “è con lei” (come dirà Pio XII a don Zeno in visita). Una parte della comunità si stacca e va a creare una dépendance di Nomadelfia a Caprarecce, in Maremma, in un podere comprato con l'aiuto di un benefattore. Abiterà lì per due anni anche Danilo Dolci, che porterà poi nella sua esperienza in Sicilia, a Partinico, molto dello spirito di quell'avventura. Non molto lontana dalla nuova sede di Nomadelfia è in vendita anche un'altra grande tenuta, trecentosessanta ettari, la Rosellana. Li compra per don Zeno, vendendo un palazzo a Milano, Maria Giovanna Albertoni Pirelli, detta Nini, nipote del fondatore della Pirelli, sorella di Giovanni, colui che ha curato le *Lettere dei condannati a morte della resistenza europea*, donna generosa e infelice che a don Zeno sarà sempre vicina.

Come si colloca dunque il progetto di don Zeno nella nuova Italia del dopoguerra? Come si colloca in un'Italia che già nel 1948 aveva dimenticato lo spirito unitario vissuto nei brevi anni della Resistenza e stava di nuovo estremizzando le proposte e le scelte politiche e sociali, tra Democrazia cristiana e comunismo, tra rigurgiti fascisti e ansie liberali? Il progetto di Nomadelfia non è certo un progetto meditato, intellettuale, teorico. Don Zeno diffida dei partiti politici. Diffida delle teorie. Diffida dei marxisti. Diffida dei democristiani, anche dei migliori, come Giorgio La Pira. Diffida delle gerarchie religiose di ogni tipo: “Iddio ci guardi dalla politica dei preti, cattolici, protestanti, musulmani ecc.". Auspica (e qui viene fuori il sognatore padano) "un unico movimento dei lavoratori per smantellare il sistema sociale borghese". Don Zeno è antiborghese perché contadino, patriarcale, evangelico. Sa far seguire i fatti alle parole. È un solitario della politica, un visionario del Vangelo, un trasformatore sociale. E la politica lo guarda con altrettanto sospetto, anche coloro, come i democristiani, che se non altro per ragioni religiose dovrebbero sentirsi a lui vicini. I nomadelfi sono ormai 1180, centocinquanta sono le persone assistite in via provvisoria perché senza casa e senza lavoro. Nomadelfia è una proposta sociale e umana, e dunque politica, troppo forte per lasciare indifferenti. Scelba, allora ministro degli Interni, dichiara in faccia a Nini Pirelli di non approvare Nomadelfia "né assistenzialmente, né socialmente, né politicamente". Gli ambienti di governo ed ecclesiastici sono molto ostili. E, dopo alcune manifestazioni di indipendenza dei nomadelfi (alle elezioni amministrative del 1951 le loro centocinque schede nulle dimostrano che si tratta di una comunità su cui la Democrazia cristiana non può far conto), il 5 febbraio 1952 il Sant'Uffizio ordina a don Zeno di lasciare Nomadelfia. Potrà scegliersi un'altra diocesi di suo gradimento, ma nella sua creatura andranno a mettere ordine i salesiani. I debiti se li sarebbe accollati il Sant'Uffizio.

Anche con tutta la buona volontà di chi lo sostituisce, senza don Zeno Nomadelfia non può andare avanti. I creditori tumultuano. La stampa ingigantisce la crisi. L'11 giugno viene annunciato ufficialmente che Nomadelfia ha deciso di sciogliersi e di mettere i suoi beni a disposizione dei creditori. Con un raid degno di miglior causa, la polizia arriva a Fossoli, spedisce i minorenni – gli orfani di don Zeno, ora di nuovo senza famiglia, ora di nuovo orfani – negli istituti, spedisce a casa gli adulti con fogli di via. "I ragazzi furono tolti alle mamme adottive, caricati coi loro fagotti sui camion, e sparpagliati per tutta l'Italia in istituti diversi, da dove scrivono ancora lettere accorate, e di tanto in tanto scappano" scriveva Filippo Sacchi su "La Stampa". È la strage degli innocenti. Una ferita terribile a un popolo già sofferente. Quel che è peggio, si arriva a un processo contro don Zeno, accusato di millantato credito e truffa: in realtà sia lui sia gli altri nomadelfi accusati usciranno dal processo con un'assoluzione totale. E pur di seguire i suoi "figli" don Zeno non trova di meglio che chiedere al papa di poter essere temporaneamente liberato dalla disciplina ecclesiastica. Gli viene concessa la laicizzazione, uno status che gli consente di ritornare nella sua famiglia di Nomadelfia, che a pezzi e bocconi è tornata a raccogliersi alla Rosellana, la tenuta in Maremma scampata alla liquidazione dei beni perché ancora intestata a Nini Pirelli, dove lo vediamo, nei suoi anni da "laico", in camicia bianca, con le maniche arrotolate, cravatta, bretelle, oppure con grandi maglioni, oppure ancora, in una foto ironica e provocatoria, con un grande cappottone e un basco davanti a San Pietro, la sede della chiesa che non lo ha capito e lo ha costretto a rinunciare al sacerdozio. Nomadelfia sta rinascendo. Sono quattrocento i suoi ospiti. Don Zeno, anzi Zeno Saltini, ancora "laico", sta già lavorando per convincere il papa a riammetterlo al sacerdozio – e creando quella che è ancora oggi una delle basi della sua comunità: il gruppo familiare, composto da tre o quattro famiglie, che allarga ulteriormente i confini dei gruppi e la fratellanza.

Bisognerà aspettare fino al 1962, e a Giovanni XXIII, perché don Zeno possa ritornare al sacerdozio. La sua "prima seconda messa" sarà celebrata il 22 gennaio 1962. Nomadelfia viene riconosciuta come "popolo civile di volontari cattolici", diventa parrocchia, la prima parrocchia comunitaria del mondo. Don Zeno è il suo parroco.

E continua a essere il suo motore. Nomadelfia si apre ad alcune famiglie di Montorsaio, un paese vicino a Grosseto, ma l'esperienza dura solo un paio di anni. Si inventano le "serate di Nomadelfia", con cui i ragazzi della comunità portano in giro per l'Italia, e non solo, danze e canti tradizionali. Si fondano le scuole di Nomaldefia, con una speciale autorizzazione del ministero per la Pubblica istruzione. Si compra un teatro-tenda. A Subiaco si fonda l'Università di Nomadelfia, che dovrebbe approfondire i temi cari alla comunità. Arrivano i postulanti, gli aspiranti a entrare a Nomadelfia, che per tre anni vengono seguiti e osservati dalla comunità – e qualche volta accettati, qualche volta, spesso, allontanati perché non sufficientemente aderenti allo spirito di questa difficile avventura.

Don Zeno continua a lavorare, a inventare, a scrivere, a battersi. E muore, il 15 gennaio 1981, pochi giorni dopo aver celebrato il cinquantesimo anno di sacerdozio.

Abbiamo raccontato la cronaca degli anni di Nomadelfia seguendo la traccia di *Un popolo nuovo*, il volume "ufficiale" che ne ricostruisce con molta partecipazione la storia. Ci sono altri modi di raccontarla. Per esempio le storie di vita. Apriamo *Mamma a Nomadelfia*, a firma di Norina, sottotitolo "Autobiografia di una madre di 74 figli" (i cui nomi sono minuziosamente elencati nelle ultime pagine) e si avrà una storia di Nomadelfia vista dalla parte di chi ogni giorno ha faticato per costruirla, l'utopia dell'uguaglianza, lavando, spazzando, cucinando, medicando, facendo, da sola, da madre a un numero di bambini sempre immenso. Il linguaggio che usa Norina – classe 1923 – è quella di una donna semplice e generosa che non ha studiato molto, e i suoi aneddoti sono raccontati come li racconterebbe una vecchia zia. Ma la sua storia è straordinaria: la seconda di tredici figli di Santa Giustina Vigona, vicino a Mirandola di Modena, molto carina, con una faccia larga e sorridente e due lunghe trecce, a ventun anni va a unirsi alla Comunità dei piccoli apostoli e non ha avuto, forse, neanche un momento per sognare di innamorarsi. Certo non le è capitato.

Nelle sue memorie ritornano con straordinaria concretezza le durezze della guerra, la morte dei Piccoli apostoli uccisi dai tedeschi, la paura, la fame, le piccole invenzioni pratiche per rendere più accettabile la dura vita dei suoi bambini, di se stessa, della sua comunità, perennemente in movimento com'è tra Fossoli, la Verna, le varie sedi dove Nomadelfia si allarga di volta in volta quando il sovraffollamento diventa eccessivo, quando arriva una donazione o la possibilità di far vivere per un po' i ragazzi in un posto migliore. Nella sua cronaca l'occupazione del campo di Fossoli diventa una cosa allegrissima ("nel primo camion c'era la banda che suonava e noi dietro che cantavamo") e tragica (mentre percorre i capannoni scopre che "qualcuno aveva disegnato tragedie vissute"). Ma è soprattutto commovente seguire con Norina il percorso di un amore semplice e "pratico" per le persone, per i bambini che le vengono affidati, cui si dedica anima e corpo, in un'abnegazione assoluta: il piccolo figlio di un ufficiale giapponese (che a un certo punto tornerà a prenderselo), Maria, la bambina che viene respinta persino alla pubblica assistenza perché sembra un caso disperato, e che Norina pulisce, cura, nutre, alla quale deve insegnare persino a deglutire, fino a farne una persona: minorata sì, ma una persona. E Giovanni, il ragazzino disturbato che proveniva dal correzionale di Milano, il Beccaria, che ha quattordici anni e un passato già burrascoso, e che fa le sue sciocchezze, continua a farle, ma sa di essere amato da Norina come mai lo è stato, il figlio della giovane prostituta che nasce a Nomadelfia e resta con Norina per sempre. E i personaggi: Danilo Dolci, padre Davide Maria Turoldo, uno dei massimi sostenitori dell'idea di Nomadelfia, che arriva una sera, altissimo e nero, e spaventa a morte la povera Norina, padre Porta, il gesuita che il Sant'Uffizio aveva messo come capo spirituale della comunità durante gli anni in cui don Zeno era tornato allo stato laicale, e che finisce con la sua umiltà per conquistare tutti. E il lavoro – per esempio le piantagioni di garofani e di crisantemi dei primi tempi alla Rosellana. O le vacanze alla Verna con novanta bambini – e pochissima acqua.

Oppure ci sono le cose che si raccontano: di quando, per esempio, a Nomadelfia venne organizzata una coltivazione di carciofi che ebbe un tale successo da preoccupare don Zeno: tutti pensavano e parlavano solo di quanto ci si poteva guadagnare. Conclusione, don Zeno decide di toglierla di mezzo.

Forse può sembrare meno affascinante, rispetto ai tempi eroici, la cronaca di oggi. I dati ci dicono adesso che Nomadelfia è una comunità autosufficiente per circa l'ottanta per cento del suo fabbisogno alimentare. Si cerca nei limiti del possibile di non comprare e vendere, ma di barattare. C'è un modernissimo caseificio, una falegnameria, un allevamento di animali, una tipografia che stampa un mensile in centotrentamila copie e i libri dei figli di Nomadelfia. C'è un'officina meccanica per sistemare il parco macchine e camion, non proprio giovanissimi, della comunità. Ci sono momenti di lavoro collettivo, come la vendemmia, la potatura, la costruzione delle case (prefabbricate, salvo alcuni piacevoli edifici vecchiotti che sono stati riattati) cui partecipa l'intera comunità. Si studia tutti fino a diciotto anni, nella scuole della comunità, salvo dare gli esami di stato fuori. Molti, una volta diventati maggiorenni, se ne vanno, sedotti dalle sirene del mondo esterno, e fanno anche fortuna, come Vainer, il bambino che don Zeno aveva trovato a cinque mesi in un cassonetto, e che è diventato un grande industriale delle scarpe, o diventano celebri come Maurizio Ferrari, che è finito brigatista rosso. Ma una visita a Nomadelfia restituisce all'osservatore anche incallito e sospettoso la fotografia di una comunità assolutamente unica, affascinante per molti versi e, tanto più di questi tempi non certo altruisti e generosi, nobile e gentile. Certo, per molti aspetti un po' inquietante. È per esempio inquietante – eppure spiegabilissimo, logico, e in fondo quello che si vorrebbe sotto sotto e senza dirlo poter fare anche nel più vasto mondo di fuori – che i programmi televisivi siano (diciamo la parola anche se non corrisponde del tutto alla situazione e anche se ci spiace) censurati. Nomadelfia ha un attrezzatissimo laboratorio televisivo, che serve però soprattutto per ripulire i programmi delle tv pubbliche e private dalla pubblicità (e anche se ripugna all'idea comune della libertà di espressione, chi potrebbe dar loro torto se cercano di eliminare ogni seduzione dei consumi, soprattutto in una comunità che vive così austeramente, così parcamente, dove il consumismo è bandito e comunque impossibile per le reali possibilità nomadelfiane?), oltre che da "violenza, sesso, volgarità", e per selezionare solo programmi di "informazione, cultura, sport". Ed è inquietante che al momento delle elezioni, politiche o amministrative, sia l'assemblea di Nomadelfia a decidere, e il voto debba essere deciso all'unanimità, stabilendo per quale partito o candidato votare.

Ma, più che queste limitazioni, saltano agli occhi come importanti le conquiste. Il senso di parità, di uguaglianza, di armonia perfino, di queste famiglie allargate, pronte a farsi e a disfarsi, conservando un senso di profondo affetto per i membri del passato e per quelli che arrivano. Il senso di protezione che un grande gruppo familiare offre ai deboli, ai malati, ai vecchi, a chi non avrebbe altrimenti una casa.

È questo senso della famiglia, anche se letta in una luce così diversa dal significato tradizionale della parola, che rende Nomadelfia diversa da altri laboratori sociali e politici dove si pratica una forma di democrazia diretta e assembleare come, per esempio i kibbutz, cui tanto Nomadelfia assomiglierebbe invece per il rigore, la semplicità, il senso del lavoro collettivo, se non fosse così profondamente, radicatamente cattolica, come annuncia già da lontano la grande croce che si innalza sulla sommità della collina.

Se è cattolica e, pur nella sua generosità, non accetta tuttavia chi non è cattolico, Nomadelfia è in compenso estremamente aperta e tollerante nei confronti di chi se ne va, di chi l'abbandoni e se ne distacchi. E sempre lì per accogliere i "figlioli prodighi".

Come è successo alla bella Beatrice, che vengo a conoscere perché amica di un amico, che ora vive con una famiglia patriarcale tutta sua e molti figli non lontano di lì, in un bel vivaio vicino al mare che è l'impresa familiare. Beatrice, se fosse rimasta, sarebbe una nomadelfa di seconda generazione. Non è andata così, e racconta con amore e senso critico insieme la sua storia a Nomadelfia. E quella dei suoi genitori.

Una storia molto avventurosa e drammatica. Suo padre e sua madre, racconta, provenivano ambedue da una situazione di abbandono. Il papà, orfano di guerra, è arrivato a Fossoli, tramite un gruppo di assistenza di Volterra, nel 1949, quando aveva dieci anni, ed è stato affidato a una mamma di vocazione. La mamma di Beatrice, invece, proveniva da una famiglia calabrese benestante. I suoi genitori erano morti nel crollo del mulino sotto cui sorgeva la loro casa. Solo molti anni dopo Beatrice scoprirà che in realtà, (o probabilmente) sono stati vittime di una bomba, ennesimo episodio di una faida di paese. Per strade complicate la bambina – che al momento del dramma aveva due anni ed era rimasta per due giorni nel letto dei genitori morti sotto il tetto crollato ed era stata miracolosamente ritrovata illesa dalla vecchia nonna – è arrivata anche lei a Nomadelfia. Era bellissima, ricorda Beatrice. Venne data in affidamento a due giovani fidanzati milanesi che avevano scoperto l'esistenza di Nomadelfia nel 1946-47, avevano lasciato tutto, si erano trasferiti nella comunità pieni di ideali, si erano sposati a Nomadelfia "sotto una sughera", condividendo l'esperienza di vita comunitaria e crescendo la mamma di Beatrice assieme a tanti altri bambini.

A Nomaldelfia, dice Beatrice, allora non c'era nulla e si viveva sotto le tende. La "nonna" di Beatrice, che era una giovane donna di famiglia altoborghese abituata a tutt'altra vita, dopo un po' non ce l'ha fatta più, ed è tornata a Milano alla sua vita di un tempo. La mamma di Beatrice, che a quel punto aveva ormai quattordici anni, non la volle seguire: anche lasciare Nomadelfia è difficile. Dopo qualche anno si è sposata con il papà di Beatrice, dopo qualche mese le sono stati affidati due bambini, dopo un anno è nata Beatrice. Il papà di Beatrice si occupava, come si dice a Nomadelfia, della provvidenza: cioè si occupava di raccogliere le cose che le persone donavano, soldi, mobili, vestiti, libri. "Aveva un camioncino, caricava le cose, le portava a casa, e poi distribuiva. La mamma faceva la mamma." Il papà la incoraggiava a leggere, le trovava i libri. Lei sognava che arrivasse Gianni Rivera e che giocasse a calcio con lei.

Beatrice ha un bel temperamento solare, curioso e ribelle. E accadde così che, dopo la scuola media, annunciò di voler continuare a studiare. A Nomadelfia allora non c'erano le scuole superiori. Fu don Zeno a risolvere la situazione ("per noi era come un nonno buono, quando qualcuno ci diceva no andavamo da lui, e di solito trovavamo un interlocutore molto generoso"), decidendo di mandarla a fare il liceo linguistico dalle suore Orsoline, a Cortina. Con quali soldi? "Non lo so, ma i soldi o gli aiuti don Zeno li trovava sempre, se c'era una buona ragione per farlo." Le scrisse anche una lettera di presentazione, che la superiora le fece leggere appena arrivata: "Ricordati che questa è una bambina criticona". Ma suor Felicita aveva già deciso che Beatrice era "critica, non criticona".

Dopo l'infanzia passata tra i boschi e la natura di Nomadelfia, in case prefabbricate, in un'assoluta povertà di mezzi, Beatrice si è trovata catapultata nel mondo delle ragazzine bene della scuola di Cortina, "le mie povere ragazze ricche", come le chiamava suor Felicita, perché molte erano figlie di famiglie lacerate e divise da una cultura familiare e sociale che vedeva nella separazione e nel divorzio una tara anche per i figli. Con molte di loro, nonostante il diverso punto di partenza, Beatrice ha costruito alcune delle amicizie più durature della sua vita. Ha trovato nelle suore delle persone intelligenti, aperte, spregiudicate. Ha scoperto, soprattutto in seguito, quando andrà a studiare giurisprudenza all'Università di Siena, la diversità del mondo "fuori". "Vieni da un ambiente in cui non circola denaro, e l'uso dei soldi è il primo choc. Poi scopri che fuori da

Nomadelfia non sono tutti buoni e non tutti ti amano." Anche se nella stessa Nomadelfia le cose, nel ricordo di Beatrice, non sempre erano perfette. "C'è stato un periodo, quando io ero bambina, subito dopo il '68, che a Nomadelfia arrivarono molte persone di Milano, e imposero delle scelte radicali. Che so? Noi festeggiavamo la Befana con tanti piccoli doni, le cose che venivano raccolte, soprattutto, ma loro avevano deciso che non era il modo giusto di educare i bambini, che i giochi dovevamo farceli da soli. Delle personalità radicali che radicalizzavano ciò che già era radicale. Sono sorti dei conflitti, evidentemente, soprattutto perché avevano in mano un settore chiave come quello della scuola." Poi, ricorda, come erano arrivati, se ne andarono alla morte di don Zeno, nel 1981.

Anche se la ribellione di Beatrice è continuata, anche se le sue scelte si sono orientate per una vita fuori dalla comunità – ha sposato un bel ragazzo maremmano che, guarda caso, appartiene però a una grande famiglia piena di nonni e nipoti, gestisce con lui un grande vivaio, ha quattro bellissimi figli – Beatrice, tutto sommato, si è riconciliata con la sua educazione, con la sua infanzia, con l'idea di Nomadelfia, dove torna regolarmente, accolta come una di casa, travolta dagli abbracci dei bambini, salutata dall'affetto di tutte le sue varie famiglie. "Dopo molti anni che me ne ero andata, dopo che mi sono calmata, dopo che ho superato la grande rabbia che ho avuto fino a sedici anni fa – la rabbia per tutto quello che non riuscivo a capire – ho capito invece che l'esperienza di Nomadelfia mi faceva diversa da tutte le persone che incontravo e che avrei potuto incontrare nella mia vita. Non perché io sia meglio degli altri, ma perché ho vissuto cose diverse. Il fatto di aver conosciuto tante persone buone aiuta. Aiuta sapere che c'è sempre un posto dove puoi andare se sei in difficoltà, quando sei in quella tristezza che ti piomba addosso e non sai scrollartela via. Be', quando mi sono sentita così sono andata da loro, sono andata a Nomadelfia mezza giornata, ho parlato con loro e mi sono tranquillizzata. Loro hanno tutti occhi sereni, tranquilli, felici, hanno dei volti che ti rassicurano perché sono lontani dai problemi materiali."

A Beatrice resta, nella bella faccia serena e intelligente, l'onestà e il rigore di chi ha vissuto in un mondo e in un modo speciale, di chi ha portato fuori, assieme alla ribellione alla sensazione di claustrofobia che le rendeva stretto quel mondo, i tesori della sua educazione e della sua generosità. E il senso critico: "Credo che ora per andare a vivere a Nomadelfia bisogna essere fortemente motivati. Ma credo anche che oggi non sia più una soluzione. È un tirarsi fuori, scappare dai problemi. O forse è semplicemente diversa, ora: io ho vissuto a Nomadelfia sotto il 'totalitarismo' di don Zeno, che decideva tutto lui. Poi c'è stata la democrazia, che io non conosco. E credo che come tutte le democrazie giovani che seguono a un "totalitarismo", quella di Nomadelfia abbia avuto i suoi alti e bassi. Sono più difficili i tempi, è più aggressivo il mondo esterno".

Sarà. Come è vero che, adesso, il numero di chi se ne va dalla comunità è così alto che la popolazione complessiva della comunità resta sempre attestata sulle trecento-trecentocinquanta persone, nonostante gli arrivi restino costanti. Ma i bambini abbandonati continuano ad arrivare, e non più come un tempo: adesso arrivano spesso bambini con seri problemi fisici e mentali, i veri "scartini", quelli che la società di fuori, con tutta la sua fame di figli, non vuole adottare. La "comunità affidataria" di Nomadelfia li accoglie, li protegge, li fa suoi. Li educa alla vita comunitaria, alla democrazia, agli ideali di questa utopia evangelica. Anche se, protesta Sandro, l'attuale presidente di Nomadelfia, vi pare il caso di chiamarla utopia?

Se seimila bambini strappati all'abbandono vi sembrano pochi, se vi pare poco reinventare il senso della parola famiglia in una direzione opposta al familismo amorale che ha segnato il nostro paese, se tornare alle radici di un rivoluzionario messaggio cristiano è utopia...

3.

Monte Verità

Il signor Salomonson, detto “Meva” (combinazione di M = Mann ed Eva). Comunità di Monte Verità

Proviamo a spostarci indietro nel tempo fino a quasi cent'anni fa. Ascona, Canton Ticino, Svizzera, le sponde del Lago Maggiore o se preferite del Verbano. Piccoli borghi, cittadine tranquille, un clima quasi mediterraneo che fa di questi luoghi, per l'Europa del Nord e soprattutto per i tedeschi e la fredda e nebbiosa Svizzera d'Oltre Gottardo, una sorta di paradiso mediterraneo pieno di alberi meravigliosi, di fiori, di giornate piene di sole, di apparente innocenza rurale.

In quell'epoca di motorizzazione ancora inesistente e di molte camminate (che come vedremo avranno una parte importante nella nostra storia) le testimonianze dicono che ci "si deve arrampicare per venti minuti piuttosto rapidamente" per arrivare a quel luogo magnifico sopra Ascona che fino a quel momento si chiamava con il nome non proprio eufonico di Monescia, e che passerà alla storia locale e alle abitudini toponomastiche come Monte Verità. Ora ci vogliono cinque minuti di una bella strada tutta curve, così luminosa e assolata, così piena di mimose, di grandi alberi, di profumi mediterranei, di belle vecchie case fin de siècle, liberty, déco, da ricordare per certi versi la luce e la vegetazione del monte di Portofino.

Non erano tempi facili, quelli dell'inizio del secolo scorso. Senza metterla troppo seriosamente, diciamo che nell'Europa centrale il turbinoso progresso scientifico, l'industrializzazione travolgente e i relativi sommovimenti sociali spingevano coloro che avevano la possibilità di scegliere – artisti, scrittori, filosofi, politici – a trovare delle soluzioni di vita alternative. Le risposte furono essenzialmente di tre tipi: il socialismo, con la sua evoluzione successiva verso il comunismo, l'anarchia, con i suoi risvolti anche drammatici, e la ricerca di valori alternativi, di modi di vita diversi, di sogni utopistici, che magari erano la riscoperta del misticismo tedesco, del buddhismo, dell'induismo, del rosacrocianesimo, della teosofia, o i tentativi di rinnovamento dello stile di vita di movimenti come la Lebensreform, e cioè di quella filosofia che voleva cambiare la vita attraverso il ritorno alla natura: cioè il vegetarianesimo, i cibi sani, l'astensione dall'alcol e dal tabacco, l'omeopatia. Un modo di vita diverso e alternativo che andava di pari passo con una diversa organizzazione ideale e sociale.

Nel Canton Ticino la possibilità di professare idee anarchiche e socialiste in relativa libertà si sposava con la tolleranza delle autorità ticinesi e svizzere e con la bellezza dei luoghi. E a chi, nella fredda Germania guglielmina o nella malinconica Mitteleuropa, sognava una vita diversa, capitava di pensare al Canton Ticino e alla vicina Italia come a un sogno esotico e libertario – quello che per le generazioni di oltre mezzo secolo dopo sarà rappresentato dal mito dell'India. E si dice India non a caso, visto che certe forme asconesi del culto della Grande madre ci ricollegano proprio all'India.

Così, già negli ultimi decenni del secolo si registrava, nel Ticino, la presenza di nuclei anarchici: fin dal 1869 vi si era trasferito per tradurre (in quattro mesi, si illudeva lui) *Il Capitale* di Marx, e vi era rimasto per cinque anni, vivendo in una bella villa di Locarno chiamata "la Baronata", Michail Bakunin, l'anarchico russo detto, nei documenti delle autorità locali, Balkunine Michele. Vi incontrava spesso l'italiano Carlo Cafiero, teorico dell'anarcocomunismo e suo grande amico, che nel settembre 1881 venne arrestato proprio a Lugano. Vi circolavano i loro amici e compagni. L'atmosfera era carica di sogni rivoluzionari.

Vogliamo aggiungere anche un ulteriore tocco misterioso e quasi esoterico? Sono molti a sostenere – e pare a ragione veduta – che la collina sopra Ascona sia uno dei luoghi a più forte magnetismo naturale del mondo, certamente della Svizzera. L'altra località, in Svizzera, dotata di altrettanto magnetismo sarebbe Sils Maria, vicino a Sant

Moritz. Ambedue i luoghi hanno certamente avuto il privilegio di attrarre gente e situazioni interessanti. Alla base ci sarebbe un fenomeno prodotto dall'affioramento di strati profondi nel corso degli sconvolgimenti geologici. Come che sia, risulterebbe che anche gli aerei percepiscano questo magnetismo nel sorvolare la zona di Ascona. Figurarsi gli umani.

Cominciò così. Un gruppo di persone che si erano incontrate nell'estate 1899 nella colonia vegetariana e naturista dello svizzero Arnold Rikli, non lontano da Monaco di Baviera, ma in territorio austriaco – non dobbiamo immaginarla come le nostre beauty farm: c'era in questi luoghi una componente teorica e ideale molto più forte – si trovarono bene insieme, si espressero reciprocamente il disagio di vivere in un'Europa così difficile e materialista, e decisero di fondare una loro colonia ideale, in cui la semplicità e la naturalezza della vita avrebbero marciato fianco a fianco con gli ideali di uguaglianza e libertà dalle regole della società borghese.

Henri Oedenkoven aveva ventiquattro anni – anche se nelle foto che abbiamo di lui sembra sempre di dieci anni più vecchio, precocemente stempiato come lo vediamo, e con quella barba da profeta – ed era il figlio irrequieto di una ricca famiglia di armatori di Anversa. Ida Hofmann aveva trentacinque anni, era molto bella – o così dicono, ma dalle foto non sembra, sempre un po' atteggiata com'è, antica, capelli gonfi raccolti alti sul capo, alla maniera della Duse –, era maestra di piano e veniva da Cettinie, in Montenegro. Il terzo del gruppo era Karl Gräser, un ufficiale dell'esercito austroungarico che aveva deciso di lasciare la vita militare con tutto quello che si portava dietro e aveva già fondato un'associazione, "Ohne Zwang", e cioè "senza costrizioni", che aveva l'onore di essere presieduta dall'arciduca Leopoldo Ferdinando di Asburgo e Toscana (il quale, a un certo punto, lascerà la vita militare, sposerà una borghese, e verrà a vivere, adottando un borghesissimo cognome, proprio ad Ascona). C'era poi Jenny, sorella di Ida. E si aggiunge al gruppo il fratello di Karl, Gustav detto Gusto, che faceva il pittore ed era bravo con le mani, oltre ad essere il più stravagante di tutti, e il teorizzatore di un ritorno radicale alla terra. E ancora: Ferdinand Brune, un ricco signore di Graz molto vicino alle idee teosofiche, Lotte Hattamer, berlinese, figlia della piccola borghesia prussiana, con una vita piena di guai alle spalle...

Era questo il gruppetto di idealisti, visionari, insoddisfatti, disadattati che, dopo il primo incontro nella colonia di Rikli e – siamo autorizzati a supporre, l'innamoramento reciproco di Ida e di Henri –, si ritrovarono nell'autunno del 1900 a Cettinie, in casa di Ida Hofmann, decisi a reinventarsi la vita. Il ricco della situazione, Henri, promise che avrebbe ottenuto i mezzi finanziari dai suoi genitori. L'idea era di puntare verso sud e di trovare un luogo adatto a fondare una colonia vegetariana e naturista dove l'organizzazione sociale e l'esistenza quotidiana potessero rinascere su nuove basi. Fu redatto uno statuto provvisorio che avrebbe dovuto regolare la nuova colonia. Pensavano al Nord Italia. Approdarono in quell'Italia non italiana che è il Canton Ticino, nella fattispecie Ascona. E ci approdarono, coerentemente agli ideali di semplicità e di rinnovamento della vita che propugnavano, a piedi.

Proviamo a immaginarceli, come ce li descrivono le cronache dell'epoca raccolte a cura di Giò Rezzonico, ticinese doc, in un curioso e divertente libretto di testimonianze che va sotto il titolo di *Antologia di cronaca del Monte Verità*. Proviamo a immaginarceli, dunque, i futuri creatori del Monte Verità, in viaggio nella primavera del 1900 verso la terra promessa. Henri e Ida, Lotte e Karl, più, non invitato, Gusto, la mela bacata, colui che porterà sempre un sacco di problemi e di guai nel gruppetto. Uomini e donne avevano, a sentire la descrizione che ne fa la stessa Ida, "vestiti semplici e vaporosi, il capo scoperto coi capelli lunghi e non curati, i piedi scalzi o calzati soltanto con sandali". Come stupirsi se i tranquilli abitanti di Lenno, di Cadenabbia, di Ascona, esprimevano "giudizi per nulla lusinghieri"? Fortuna che altri "dimostravano benevola comprensione".

Fatto sta che il gruppetto, diviso in squadre – le donne viaggiavano per conto loro, audacia inconsueta per i tempi – cominciò a esplorare la zona nord del Verbano.

Ida e Lotte dovevano certo sembrare originali, in un piccolo mondo antico dove il "clou" della vita sociale erano le osterie in cui i contadini si ritrovavano a mangiare polenta e a bere vino rosso. Ad Agno, dove oggi è situato il civettuolo ed efficiente aeroporto di Lugano, le due arrivarono così stravolte dalla fatica e dalla pioggia – già, pioveva pure, in quella primavera del 1900 – che nessuno volle dar loro da dormire. A Porto Ceresio sconfinarono illegalmente in territorio italiano. Qualcuno le svillaneggiava. Qualcun altro, più furbo, cercava di portarsele a letto (senza successo). Finalmente le signore, dopo tanto peregrinare senza costrutto, si riunirono con la metà maschile del gruppo a Luino. Henri e i Gräser portavano la buona novella. A venti minuti da Locarno, avevano scoperto, c'era un luogo meraviglioso, la Pensione Engelmann, popolata di anime gemelle, cioè di idealisti che avevano i loro medesimi ideali di rinnovamento, le medesime idee, lo stesso stile di vita da Lebensreform. La pensione fu la base prima dell'ultimo balzo verso il futuro Monte Verità. Mentre stavano da Engelmann e ne godevano la semplicità vegetariana, i nostri continuarono a cercare. E un giorno i Gräser annunciarono di aver trovato il posto giusto.

Il terreno segnalato dei fratelli Gräser sopra Ascona era a trecentocinquanta metri di altezza sul livello del mare e a centocinquanta sul lago Maggiore, in località Monescia, e aveva (e ha) un'emozionante vista a sud, verso l'Italia e le Isole di Brissago (dove per inciso si facevano dei celebri e buonissimi sigari), a nord verso Locarno e Bellinzona, fino alla Valle Maggia. Il posto era pieno di castagni, mimose e persino palme. L'acqua non c'era, ma la cosa era superabile con un po' di buona volontà e voglia di camminare, perché la si poteva trovare qualche centinaio di metri più in là, a Losone. Non c'era strada né elettricità. Perfetto. Fu deciso l'acquisto del primo ettaro e mezzo di terra, cui ne seguirono altri due. I soldi li mise Henri, centocinquantamila franchi, ed era lui il proprietario legale, ma l'uso era per tutti.

Si trattava adesso di trovare un nome simbolico, forte, memorabile, che sostituisse Monescia, Santa Pietà, Signora della croce, come si chiamavano i singoli appezzamenti di terra che costituivano la proprietà. Si trovarono tutti d'accordo sul nome altamente simbolico e pieno di buone intenzioni proposto da Henri: Monte Verità. C'era il posto, c'era il nome. Ora si poteva provvedere a rifondare la vita, ora l'utopia poteva confrontarsi con il quotidiano.

In una lunga cronaca dedicata al Monte Verità che Luigi Antognini – proprietario di un'agenzia immobiliare, ex direttore del Lido di Ascona e storico affezionato del luogo – ha pubblicato nel 1955-56 sul settimanale "Cronaca di Ascona", si descrive minuziosamente la situazione fisica della colonia: l'edificio centrale, in cui hanno sede un ristorante con una grande terrazza, la biblioteca, la sala di lettura, il salone per la musica, le case che vennero un po' alla volta costruite secondo lo spoglio stile eclettico di inizio secolo, che mescolava art nouveau, William Morris e John Ruskin – un esempio importante è casa Anatta, la "casa dell'anima", abitazione di Oedenkoven e di Ida Hofmann, che diventerà in seguito il Museo della collina – e attorno le capanne, le famose case aria-luce costruite dagli ospiti con le proprie mani, in omaggio alle idee della Lebensreform, e disseminate tra il verde, con un grande atrio vetrato per i bagni di sole, mobili semplici, sedie di canniccio, pavimenti senza tappeti.

Nel 1909, appena fuori dai confini della colonia, venne anche costruito dall'architetto torinese Anselmo Secondo lo stravagante, svettante albergo Semiramis sorto, si racconta, sul terreno che una bella russa aveva avuto da Oedenkoven in cambio di una notte d'amore. Poco importa. A Oedenkoven la costruzione non piacque: troppo alta. Non solo: la bella russa faceva pagare un biglietto con cui i curiosi potevano piazzarsi sulla terrazza e guardare i nudisti della colonia mentre prendevano il sole. La soluzione per il sempre ricco Oedenkoven fu semplice: ricomprò tutto (ma ora, a novant'anni di distanza, l'albergo, dopo svariati interventi, è molto diverso e architettonicamente più equilibrato).

Antognini fotografa la situazione com'era al 1956, quando l'edificio centrale era diventato quello che conosciamo anche oggi: la bella architettura Bauhaus di Emil Fahrenkamp dal 1928. Ma in precedenza l'edificio fatto costruire da Henri era un piccolo gioiello – un po' art nouveau un po' eclettico – progettato dall'architetto Walter Hoffman, aereo e leggiadro, di cui sopravvive oggi nel nuovo edificio solo la struttura della doppia scala d'accesso. Ed erano art nouveau in maniera assolutamente naturale e spontanea buona parte dei mobili, ricavati da rami intrecciati, che si era costruito con le sue mani Karl Gräser. Il posto è bellissimo ora, ma doveva essere straordinario allora.

"Tout se tient" come si usa dire. Chi era il proprietario

delle terre su cui sorgerà Monte Verità? Era tale Alfredo Pioda, presidente della Loggia teosofica di Milano, il quale in precedenza aveva pensato di fondare in quei luoghi un monastero laico che si sarebbe dovuto chiamare "Fraternitas". E Pioda aveva evidentemente disseminato in giro abbastanza idee libertarie da preparare il terreno adatto per la nascita di Monte Verità. Anche se, come già qualcuno aveva visto fin dall'inizio, c'erano alcune contraddizioni nell'ideologia del gruppo, prontamente notate dai critici interni ed esterni. I soldi di Henri Oedenkoven, o meglio dei suoi genitori, erano sì alla base di un sogno ugualitario ma, osservavano i critici, servivano anche per comprare il lavoro di quelli che erano un po' meno uguali, gli operai e gli artigiani della zona di Ascona e Locarno. E se la costruzione della colonia procedeva speditamente, si obiettava, era anche grazie a questi aiuti "mercenari".

In realtà il vero ideologo del gruppo – o, per dirla in maniera meno alta, la persona che più radicalmente coltivava il sogno di una vita alternativa, di un'utopica comunità di uguali che doveva rompere con tutti i compromessi e i costumi borghesi – era anche il personaggio più difficile e originale di tutti loro: Gustav Gräser, predicatore, scultore e pittore, oltre che creatore dei più bizzarri e affascinanti pezzi del mobilio di Monte Verità. Tanto è vero che, di fronte all'atteggiamento di Henri Oedenkoven, che gli sembrava preludere a un veloce ripiegamento ideale, e di fronte alla creazione di qualcosa che ai suoi occhi pareva una semplice casa di cura nel nome del sole, "Gusto" si staccò dagli altri.

Un po', veramente, lo distaccarono, perché Gusto tendeva a comportarsi in maniera bizzarra e scorretta, in modo tale, ritenevano gli altri, da compromettere il buon nome della colonia. Per fortuna arrivò a risolvere parzialmente il problema il comune di Losone, che gli affittò un podere in cui Gusto andò a vivere una vita da vero eremita in una specie di grotta. E sarà lì, nel suo ashram ticinese, che anni dopo lo incontrò, ormai vecchio, Herman Hesse, calato nel meridione dal Nord per combattere "con il sole e i prodotti vegetali" un alcolismo che lo uccideva. E fu lì che Hesse pensò di scoprire nella signora Elisabetta, moglie di Gusto, il prototipo della Grande madre terra, una figura e un'idea di cui molti discutevano in quegli anni da quelle parti, tanto da fare di Ascona il santuario "intellettuale" del suo culto. Questo aspetto è stato sapientemente raccontato da Ulrich Linse in un saggio nel bel libro-catalogo su Monte Verità, pubblicato a cura di Harald Szeeman nel 1978 in occasione di una grande mostra (a proposito della quale c'è da osservare che è inimmaginabile la ricchezza di documentazione su cui si è basata, cosa che dà anche la misura di quanto importante sia stato il fenomeno Monte Verità. È ancora più impressionante vedere tutti questi materiali meticolosamente raccolti e catalogati in grandi scatole nella affascinante casa-studio di Szeeman in Val Maggia, pronti per chi voglia ripercorrere in maniera scientifica l'intera vicenda).

La vita a Monte Verità è, almeno a leggere le cronache di Antognini, un misto di dibattiti ideologici e di vita semplice, di durezze pionieristiche e di decoro borghese. La sera, per esempio, Ida Hofmann suona il piano per accompagnare un ospite ("adoratore ardente della musica di Wagner"), che intrattiene i presenti leggendo il *Parsifal*. Si legge e si raccomanda la lettura, per esempio del *Ritorno alla natura* di Tolstoj, uno dei grandi modelli della colonia. Si dibatte di teosofia. Si discute dei vantaggi e dei limiti dell'alimentazione vegetariana: i più anziani sostenendo che basta e avanza, i più giovani, anche perché impegnati nel faticoso lavoro fisico di costruire la colonia, ritenendo che qualcosa di più non avrebbe fatto del male – magari anche solo dei legumi. Si sa per certo che alimenti proibiti venivano contrabbandati all'interno della colonia, e che al Grotto Broggini di Losone alcuni ospiti del gruppo furono visti mangiare pane e salametti. Un incidente fondamentale: è da quella volta che, in seguito alla spiata, Henri decretò che era giunto il momento di aggiungere patate, cavolfiori, carciofi, asparagi e fagioli alla dieta – con aggiunta, concessione estrema, di burro di noce...

Poi si lavora come dei matti a costruire, mantenere, sarchiare, seminare, raccogliere, preparare, cucinare. Ma si corre anche nell'erba. Si fanno docce gelate e bagni di sole (più avanti si costruirà anche un borghesissimo campo da tennis). Si danza (l'esercizio si chiama però aulicamente "euritmia"). Ci si fa fotografare nudi sullo sfondo delle isole del Verbano. Arrivano scrocconi, che si stufano molto presto del regime vegetariano, e giornalisti, tutti a dire la loro, chi parlando di una "presunta utopia" di Monte Verità, chi sposando la causa vegetariana e cantandone l'inno: "Mangiamo insalata, sì mangiamo insalata / Sempre e solo verdura a ogni portata".

Ma dietro l'esercizio del quotidiano continua a brillare l'utopia. Qual è dunque l'utopia o l'ideologia di Monte Verità? Se ne discuteva molto, secondo la cronaca di Antognini, anche giù in città, dove certo i bravi asconesi di cent'anni fa erano incuriositi da questi strani personaggi vestiti di veli (le donne), di tuniche (gli uomini), in sandali (anche d'inverno), intonsi (sempre), cinti di cuoio (sulla fronte). Si può immaginare anche che la curiosità diventasse voyeurismo: dove mai, di quei tempi, si potevano vedere delle belle donne giovani nude o seminude, come al Monte Verità, anche se magari si doveva pagare il biglietto all'astuta signora russa dell'Hotel Semiramis?

Ecco dunque sorgere, di fronte alla visibile diversità della colonia, il quesito, il busillis, l'interrogativo sui suoi fondamenti: Monte Verità doveva essere considerato, come lo vedevano alcuni laggiù nel borgo, una colonia comunista? Era il sanatorio naturista che voleva Herni Oedenkoven o qualcosa di più, come avrebbe voluto invece Karl Gräser e ancor di più Gusto, qualcosa di vicino alla colonia "etico-sociale-vegetariano-comunista" che descriveva all'inizio Mühsam, l'anarchico tedesco costretto dalla polizia prussiana nel 1904 a rifugiarsi in Svizzera, teorico di una repubblica ideale per le vittime del capitalismo e della società classista, ammiratore della "balda gente che vive in questi luoghi, gli italiani di confine con i loro grandi occhi scuri e la gioiosa naturalezza nell'affrontare la vita" e, come se non bastasse, autore di un molto libertario saggio intitolato *L'omosessualità*, con cui se la prendeva con certi articoli del codice tedesco molto punitivi nei confronti dei "diversi"? O Monte Verità era, come lo vedevano altri, più sensibili ai dati folkloristici e meno alla questione ideologica, una banda di "balabiott", parola che avrebbe poi avuto un grande successo per designare dei matti tendenti un po' allo scemo, ovverosia gente strana che ballava nuda o seminuda, mangiava male e non riscaldava le sue casette fatte a mano? Era una pericolosa culla di libero amore – idea che condivideva anche la mamma di Henri Oedenkoven, molto infelice che suo figlio e Ida non regolarizzassero almeno davanti al sindaco la loro unione? Era un centro di orge e di riti satanici? Le risposte sono tante, e le si può trovare (assieme a molti quesiti) nel dotto libro-catalogo curato da Szeeman che abbiamo prima citato.

Per quanto riguarda la cronaca, uno dei coloni, Ferdinand Brusse, il proprietario austriaco, era, per fortuna, un abile conferenziere, capace di spiegare con la sua simpatica oratoria anche ai più sospettosi asconesi che cosa succedeva nella colonia. E cioè che vi si praticava un ideale di vita libera e sana, improntata a una visione ugualitaria, e che da questi due punti fermi nasceva una diversa e più ricca concezione del mondo. E per fortuna anche le forze di polizia svizzere avevano una bella tendenza a non scomporsi, e in un certo senso si dimostravano immuni da pregiudizi. In un commovente ed esilarante "Rapporto" del commissario di Locarno, Rusca, inviato nel 1905 all'Alto dipartimento federale di Giustizia e polizia a Berna, in risposta ai pettegolezzi locali e a una richiesta di indagini sulla colonia di Monte Verità, sospettata (in questo caso) di essere un pericoloso covo di anarchici, si legge che i poveretti accusati di ogni nequizia sono in realtà, parole di commissario, "degli originali, dotati di cultura oltre il comune, i quali, stanchi e annoiati da una vita trascorsa tra i divertimenti e le sregolatezze, ritornano alla vita di esagerata semplicità". E così si vedono "dei giovani colti, quanto conobbero le agiatezze e i divertimenti della città... in costume quasi adamitico tanto nella stagione estiva che in quella invernale, lavorare essi stessi la loro proprietà e vivere unicamente dei prodotti del suolo". E poi, aggiunge Rusca con un tocco irresistibile, "il proprietario del Monte Verità è il sig. Oedenkoven, figlio di un ricco armatore di Anversa, che ogni anno veniva al Grand Hotel con la Signora". Tutto a posto, insomma, non siamo tra gente pericolosa, se la tribù di Monte Verità discende da borghesi lombi che frequentano il Grand Hotel, quello che si erge ancora, splendido e fatiscente, in alto sopra Locarno, famoso per essere stato la sede di un importante incontro internazionale nel 1925, quello in cui si siglò, appunto, il Trattato di Locarno tra Germania, Francia, Belgio, Gran Bretagna e Italia che mutuamente si impegnavano a garantire la pace nell'Europa occidentale (già, in quella orientale c'era la rivoluzione...).

L'ideologia di Monte Verità va vista, agli inizi, come un'alternativa sia a quella del capitalismo sia al comunismo: un'ideologia, o un'utopia, semplice, basata sull'ideale di una comunità paleocristiano-comunista, o di un socialismo primitivo associato al sogno di una vita naturale. Un'idea che, nelle due versioni, si inserisce perfettamente nella mappa dei tumulti e dei fermenti di inizio secolo. Un'idea che qui a Monte Verità si mescolerà presto a un antico culto della Madre terra, almeno secondo quello che venne sostenuto da molti, osservatori e protagonisti. Un'idea presto tradita proprio per le confuse idee degli inizi, che fondevano due diverse aspirazioni, una più estrema e anarchica (quella dei Gräser, di Mühsam), e una più semplice e meno rivoluzionaria, quella di Ida e di Henri: e da questo contrasto nascerà, dopo un quinquennio di rigore pionieristico, quello che una buona parte dei coloni vide come un tradimento dell'idea originaria, e cioè un sanatorio vegetariano, anzi vegetaliano (nemmeno latte, formaggio, uova), fondato sì sul principio che le vie dello spirito passavano attraverso una sana disciplina del corpo, ma aperto a chiunque fosse pronto a pagare la pensione.

Certo, c'erano in partenza altri punti importanti, nella mappa delle idee propugnate dai coloni di Monte Verità: dall'attenzione ai temi dell'emancipazione femminile, che tanto stava a cuore a Ida Hofmann, ai matrimoni per coscienza, dalla riforma della grafia (con il bando delle maiuscole) alla liberazione dalle costrizioni dell'abbigliamento dell'epoca a favore di una quasi assoluta libertà di ispirazione classica, alla pratica del baratto come resistenza alla cultura capitalistica tradizionale: così si sa per certo che la bella Jenny, compagna di Karl, pagava il suo dentista cantandogli delle canzoni.

A conti fatti, la cosa più facile da misurare e valutare del Monte Verità, più che l'ideologia, è la pratica: quella della vita comunitaria, della semplicità, di una frugalità tolstojana, della libertà del corpo che si traduceva nelle danze al chiar di luna, nei bagni insieme, ciascuno nella sua bella vaschetta allineata accanto alle altre all'aperto, nei capelli lunghi che scandalizzavano e/o stupivano i ticinesi, nella libertà sessuale che tale poi tanto non era, visto che Ida e Henri passeranno tutta la vita assieme, solo ostinatamente rifiutando di sposarsi "ufficialmente", nonostante tutte le lamentele familiari, ma fieri di quello che in città veniva chiamato un "matrimonio vegetariano" – per non dire che si discute ancora se veramente il sesso fosse tanto praticato, tra questi vegetaliani, che parevano più propensi ad altre attività e a forme di meditazione. Quello che è certo è che di bambini ne nascevano pochi...

In tutta l'Europa curiosa di queste cose – di Lebensreform, di pratiche mediche alternative, di movimenti innovatori, di critica alle istituzioni – si diffondeva dunque la buona novella che a Monte Verità, Ascona, Svizzera, si stava sperimentando una forma di vita nuova. E nell'arco di trent'anni, accanto a un nucleo stabile di trenta-quaranta persone, si vedrà un costante flusso di visitatori, che qualcuno ha calcolato nella misura di parecchie migliaia, nella colonia e nella zona di Ascona, per pochi giorni o per qualche mese e anno: accanto ai malati veri o immaginari in arrivo da quelle parti nella speranza di curare i mali più impensabili (e guarivano, a quanto pare, come il celebrato pittore ticinese Filippo Franzoni, che ha lasciato quadri molto piacevoli sulla vita a Monte Verità), accanto a chi era mosso da spirito ideologico, accanto ai curiosi che volevano vedere i "naturals", c'era il gratin dell'intellighenzia anticonvenzionale e inquieta di inizio secolo – e quindi gente come Isadora Duncan, Otto Gross, Walter Gropius, Thomas Mann, Erich Maria Remarque (che nel Ticino si radicherà, a Porto Ronco), Oskar Schlemmer, El Lissitzky, Carl Gustav Jung, André Gide, Herman Hesse, gli architetti del Bauhaus, Charlotte Bara, la ballerina e, di passaggio, persino Lenin.

In direzione opposta partivano altri irrequieti e altri scontenti. Per esempio il teosofo e predicatore Joshua Klein, che dopo un periodo asconese pensò fosse meglio tornare alla sua Berlino per fondarvi una colonia rurale e un tempio al Grappenhof, presso Amden, e finì ingloriosamente offrendo i suoi servigi a Hitler. Per esempio Gustav Nagel, predicatore scalzo, propugnatore della riforma della scrittura e dell'abbigliamento (si vestiva solo di una camicia anche quando nevicava), che dopo gli anni passati a Monte Verità, ritornò in Germania, dove morì nel 1952, avendo messo insieme un gruppo che si chiamava Jesuslatschen, i ciabattoni di Gesù. Come Karl Vester, buono e gentile, secondo tutti i testimoni, capace di preparare un pane buonissimo diventato una delle attrazioni locali, che andò a cercare il suo equilibrio ideale fino a Samoa e si installò stabilmente ad Ascona nel 1904: il più anziano sopravvissuto di Monte Verità, visto che morirà nel 1963 nel podere comprato sul monte nel 1919. O come Erich Mühsam, che era arrivato sognando una colonia anarchicocomunista, e credette di veder confermata dai fatti la sua idea che il vincolo da cui erano legati i partecipanti del progetto Monte Verità (e cioè un "vincolo... talmente insignificante come il principio del vegetarismo") era troppo fragile e che il progetto si stava deteriorando, da utopico a pratico, da ideale di vita a realizzazione quotidiana.

Quando si parlò per la prima volta dell'idea di trasformare la colonia di Monte Verità in un "sanatorio" (parola che a noi ricorda ben altro e ci fa pensare a Thomas Mann e al suo rifugio a Davos allo Schatzalp, ma che in realtà voleva dire un misto tra una casa di cura naturista come quelle che pullulano oggi e un ashram), Mühsam, come altri d'altra parte, ritenne che l'ideale utopistico era stato tradito da questa compromissione con il "capitale" e con l'idea a esso associata di guadagno, e rivolse la sua attenzione altrove, ai "diseredati, i delinquenti, le prostitute, i perseguitati", trasferendo le sue passioni a Monaco di Baviera, dove si mise a lavorare con Gustav Landauer, grande personaggio e teorico del movimento anarchico, animatore del cosiddetto "Patto socialista", fondatore in Baviera della Repubblica dei consigli – abbattuto nel corso di un bagno di sangue controrivoluzionario il 2 maggio 1919 dai soldati del leader socialdemocratico Gustav Noske, che voleva stroncare l'insurrezione bavarese. L'idea di "intraprendere un grande esperimento sociale... partendo dalla situazione presente in Ascona aveva in sé il germe del fallimento" decretò severo Mühsam, che veniva da (e andava verso) esperienze importanti e drammatiche. E probabilmente aveva ragione.

Ma il flusso in arrivo continuava, e a tempo debito altre idee e ideologie sarebbero giunte a Monte Verità, come se il magnetismo per cui la zona ex Monescia andava famosa attirasse nelle sue spire gli ingegni eccentrici e non allineati, come, per esempio, Raphael Friedeberg, uno dei personaggi leggendari di Monte Verità. Friedeberg è amico di Pjotr Kropotkin, il teorico dell'anarcocomunismo, di Otto Braun, il presidente socialdemocratico del governo prussiano che finirà anche lui ad Ascona e di Karl Kautsky, teorico della socialdemocrazia internazionale, lui stesso medico e agitatore a Berlino per vent'anni. Approdato infine nel 1904 ad Ascona, Friedberg divenne il medico della comunità (era, tra l'altro, uno specialista tisiologo), approfondendo le sue conoscenze in materia di medicina naturale e coltivando le sue teorie di "psichismo storico", una forma di pedagogia che propugna un'educazione non costrittiva, libera da ogni vincolo religioso. Al Monte Verità Friedeberg incontrò quella che sarebbe diventata la donna della sua vita, una teosofa, Elisabeth Lenz, bellissima, libera, anticonformista, con cui ebbe un figlio e che lo avrebbe abbandonato a causa della sua "natura zingara", per andarsene con il pedagogista e filosofo Rudolf Steiner. Al Monte Verità Friedeberg, nei primi tempi del nazismo, offrì ospitalità e protezione a perseguitati ed ex nemici. E qui morì, nel 1940, rimpianto da tutti, persino dalla comunità cattolica, che accettò di collocare la sua urna nel proprio cimitero.

Dalla medicina alla psicoanalisi. Un altro dei personaggi di Monte Verità fu Otto Gross, che aveva lasciato la vita professionale a Monaco e la bohème a Schwabing per portare ad Ascona le sue teorie circa l'azione delle strutture sociali sull'insorgere delle nevrosi e delle psicosi, l'aspirazione a liberare se stesso e gli altri dalle costrizioni sociali e sessuali, e la convinzione che il lavoro dello psicoanalista dovesse contribuire al rovesciamento delle strutture borghesi della società. Le cose non andarono così lisce: il suo progetto di fondare una scuola anarchica finì nel nulla. Fu arrestato in quanto anarchico, lasciato dalla moglie, abbandonato dagli amici e colleghi psicoanalisti, tra cui Freud e Jung, per morire precocemente, nel 1920, a quarantatré anni.

Qualche anno dopo arrivò l'olandese Olga Froebe-Kapteyn, che fece di due edifici ancora oggi esistenti (Casa Gabriella, che diventerà Eranos, e poi Casa Shanti) la sede di regolari congressi annuali sui più diversi temi antropologici, filosofici e religiosi. Arrivò brevemente Rudolf Otto, l'insigne studioso delle religioni autore di *Das Heilige* (*Il sacro*), cui si deve la scelta del nome Eranos, in omaggio ai banchetti che nell'antica Grecia erano l'occasione per dibattiti e letture poetiche, per quella che era più borghesemente Casa Gabriella. Arrivarono più tardi – siamo ormai nel 1933 – personalità come Carl Gustav Jung ed Ernesto Bonaiuti.

Già, siamo ormai nel 1933, anno denso di storia, e che in qualche modo cambierà anche quella di Monte Verità: l'anno in cui il buon Friedeberg comincerà a fare della sua capanna di Monte Verità un rifugio per chi era in fuga dal nazismo. Che cos'era successo, intanto? Se c'era stata una svolta nel 1905 in senso pragmatico con la creazione del "sanatorio", nel 1909 la svolta porta la colonia in direzione della Lebensreform, e cioè in direzione di quel cambiamento dei modi di vita che si realizzava, secondo i suoi teorici, con la riscoperta e la liberazione della totalità dell'essere umano, corpo e spirito. Una delle forme in cui si esprimeva questa fusione era la danza. Ed ecco quindi che, sulle tracce delle teorie di Rudolf von Laban, Monte Verità si aprì alla teoria "euritmica" di Emile Jacques Dalcroze, che vi soggiornò nel 1909. Poi Monte Verità vide arrivare Isadora Duncan, che vi giunse brevemente nel 1913. Infine von Laban in persona, che trasferì nella "Cooperativa individualistica del Monte Verità" (questa la denominazione ufficiale dell'ente del Monte) la sua scuola di danza e la sua passione per le danze religiose e primitive. E lì si vede tutti, nelle fotografie, nudi e sottili come si meritano, da bravi vegetariani, con quel tanto di ridicolo che ha sempre lo scontro tra la naturalezza della nudità e il mezzo artificio dell'istantanea in bianco e nero, la più fatale di tutte Charlotte Bara, protagonista di danze "gotico-egiziane", avvolta in eleganti veli fintamente esotici. Lo spettacolo più celebre coreografato da Rudolf von Laban fu *Il tempio tremante*, realizzato in piena guerra mondiale, nel 1917, che metteva in scena un inno al sole e al suo potere catartico. Ma l'evento più commentato di questi anni, completato da spettacoli di danza e di musica, fu il Congresso cooperativo anazionale della Confraternita degli illuminati ermetici – Ordine del Tempio d'Oriente, l'O.T.O., che il gran capo Theodor Reuss volle fosse tenuto a Monte Verità. Fu il canto del cigno. Nel 1920 Oedenkoven, stanco e deluso dal suo esperimento, lasciò la colonia, per raggiungere Ida, già partita alla volta del Brasile, e la sua scuola d'arte ebbe fine. Rimase, a danzare sul monte, la danzatrice Charlotte Bara, cui il ricco genitore aveva comprato il castello di San Materno. Accanto al castello la danzatrice, sulla pianta di una vecchia chiesa romanica, si fece costruire in stile Bauhaus dall'architetto Karl Weidermeyer il Teatro San Materno, esistente ancora oggi, dove, si racconta, Charlotte amava danzare nella zona che già era stata l'abside.

La nuova proprietà del Monte era formata da un gruppo di artisti che si erano messi in società per risanare la difficilissima situazione finanziaria della ex colonia e che impressero un tocco espressionista e modernista ai vari edifici. Le capanne divennero un alloggio turistico a buon mercato, che gli ospiti potevano anche divertirsi a decorare a loro piacimento. E la nuova versione del Monte Verità fu inaugurata nel 1924 con una grande festa che durò tre o quattro giorni e fece molto parlare. Anche perché, sotto la nuova gestione di William Werner, Monte Verità era radicalmente cambiato. Non era solo il fatto che il clima del luogo si era fatto molto più godereccio e divertente, grazie a una serie di feste pensate e organizzate da artisti come Rudolf Belling, lo scultore impressionista, come il pittore di paesaggi Hans Oberlaender e come Hans Arp – l'ultima, folle, sontuosa, nel 1925, si chiamava "La giostra furiosa" –, e mescolava spettacoli teatrali alla realizzazione di affreschi realizzati lì per lì dagli ospiti. La vera differenza con il progetto originario veniva dal fatto che si era dato l'addio a uno dei punti cardine della colonia, il vegetarianesimo, e alla semplicità che questo comportava. Tanto che i prospetti pubblicitari di quello che assomigliava sempre più a un posto di vacanze un po' speciale promettevano "cucina squisita al livello delle esigenze più viziate e cittadine".

I cambiamenti – o il tentativo di adeguarsi ai tempi che, ricordiamolo, erano quelli dell'età del jazz, del modernismo, della bella vita ante 1929 – non bastarono tuttavia a tenere in piedi Monte Verità. Nel 1926, l'ex colonia vegetariana naturista, il sogno di Henri Oedenkoven, il centro della Lebensreform, la sede dell'utopia ugualitaria, dovette arrendersi: i conti non quadravano, i debiti erano troppi. E il

Monte Verità venne venduto a un grande capitalista, il barone Eduard von der Heydt.

Potrebbe sembrare l'inizio della fine. E invece no. Sarà stato il magnetismo della zona? Sarà stato lo spirito dell'utopia che aveva contagiato il colle di Monte Verità? Fatto sta che con l'arrivo di von der Heydt, Monte Verità inaugurò una stagione vivacissima e interessante. Von der Heydt discendeva da una dinastia di banchieri e uomini politici che avevano avuto un ruolo importante in Germania per oltre duecento anni. Egli stesso era il banchiere dell'ex imperatore Guglielmo II di Germania, oltre che un uomo illuminato, un grande collezionista di arte moderna, orientale e primitiva, il fondatore di una serie di importanti istituzioni nel campo dell'arte – come il museo Yi Yuan di Amsterdam, la Società per l'arte dell'Asia orientale a Berlino, la Biblioteca Sino-internazionale a Ginevra.

Niente di più logico che, approdato a Monte Verità, il barone continuasse nelle sue lodevoli iniziative. E infatti vi fondò un Istituto cinese, centro per la cultura asiatica.

Fu solo una delle molte cose in cui si imbarcò generosamente. Nel 1928, la vecchia casa centrale della colonia fu ricostruita secondo i dettami razionalistici del Bauhaus da un architetto tedesco, Emil Fahrenkamp, che molto abilmente riuscì a ricucire elementi della vecchia casa, come il terrazzo sul prospetto sud, cui si accedeva e si accede dalle due eleganti scale ricurve disegnate dal duo Oedenkoven-Hoffmann.

Il Monte Verità era diventato ormai ufficialmente un albergo. Bello, elegante, sofisticato, un po' spartano – un po' come è ancora oggi. È l'inizio del periodo in cui le belle menti e i begli spiriti dell'Europa tra le due guerre devono prima o poi passare di qui, come adesso succede ai festival di cinema, di letteratura o di musica. Ci è passato, come si sa, Carl Gustav Jung, che fondò l'Archivio Eranos per gli studi di simbolica. Ci sono passati Paul Klee, Else Lasker-Schüler, Hans Richter, Arthur Segal, Károly Kerényi, Joyce e Rilke, più tutti quelli che abbiamo citato nel corso del nostro racconto. Era l'intellighenzia in fuga dalle grandi città, era la ricerca di un luogo di pace, era un appuntamento con un luogo mitico cui non ci si poteva sottrarre.

Monte Verità, anche se era ormai lontano dalla forma ideale sognata dai Gräser e da Mühsam, restava tuttavia, nella visione di von der Heydt, un luogo di compensazione, come scrive in un suo saggio Willy Rotzler, "di contrastanti progetti culturali accomunati dalla stessa matrice spirituale", e cioè dal sale dell'irrequietezza e dall'incapacità di accettare il mondo così com'è.

Ma una sorta di maledizione si era abbattuta su Monte Verità. Von der Heydt, "il Buddha di Monte Verità", che era, come si è detto, un grande collezionista e aveva opere di sue proprietà sparse tra la casa di Amsterdam e i musei di tutto il mondo, cui le prestava molto volentieri, convinto com'era che l'opera d'arte anche quando è proprietà di un singolo è pur sempre un bene comune, aveva portato al Monte Verità solo un gruppo di opere, le molte e belle con cui era vissuto sino ad allora. Ma le altre, in gran numero, erano sparpagliate per il mondo. Sarà stato il valore di questa collezione ad accendere delle bramosie? Fatto sta che subito dopo la guerra le autorità americane confiscarono come patrimonio nemico la parte di proprietà di von der Heydt presente sul territorio degli Stati Uniti. L'accusa nei suoi confronti era di essere stato in rapporti commerciali con il nemico nazista. Un insulto per von der Heydt, che era cittadino svizzero dal 1937, che aveva visto distrutta dai nazisti la sua casa in Olanda, e che aveva dato rifugio durante la guerra a moltissimi perseguitati.

Il barone visse malissimo questa dolorosa causa e la storia che ne derivò fu lunga e intricata. Morì il 3 aprile 1964 senza che gli fosse stata resa giustizia, amareggiato e solitario, nella sua casa Maya, ai Saleggi. Monte Verità, grazie a una donazione fatta da von der Heydt nel 1955, era diventato proprietà del Canton Ticino assieme a cinquecento opere d'arte, così come restano la sua collezione al Museo Rietberg di Zurigo, o quella, specializzata in opere del Diciannovesimo e Ventesimo secolo, donata al museo di Wüppertal.

Ma il vento dell'utopia continua a spirare sull'ex colle della Monescia. Il barone voleva che il Cantone realizzasse per lui il sogno di trasformare il Monte Verità in un centro culturale importante. E nel 1989 vi è stata costituita una fondazione privata che organizza e progetta incontri molto belli e importanti. Dal 1992 il nome di Monte Verità è unito, scomposto e ricomposto nella denominazione ufficiale di Montecinemaverità, che ha contribuito a produrre molte opere interessanti del cinema alternativo di questi ultimi anni. E un po' della parte godereccia di taluni monteveritani aleggia ancora: l'albergo è la sede preferita di molti dei frequentatori del Festival internazionale del film di Locarno. Sicuramente per via della sua storia. Dei suoi ricordi. Del magnetismo. Di molte avventure dello spirito. Dei resti di una bella utopia.

4.
Yaddo

Il giardino della casa di Yaddo

Questa storia che parla di scrittori, poeti, artisti, musicisti comincia con l'arrivo in scena di un poeta, un grande poeta e scrittore.

In realtà comincia prima, molti anni prima, e si sviluppa più tardi, qualche anno dopo, in un luogo incantato nel nord dello stato di New York, ai margini dei verdissimi Adirondacks, tra boschi a perdita d'occhio, alberi giganteschi (qualcuno, anni dopo, li descriverà come usciti da un'opera tedesca), placidi immensi fiumi e fonti miracolose – o quanto meno curative.

Ma l'arrivo del poeta e scrittore è il momento decisivo. Lui è Edgar Allan Poe, di cui non c'è bisogno di spiegare nulla. E il luogo di cui vi raccontiamo si trova vicino a Saratoga Springs, e adesso si chiama Yaddo.

Saratoga Springs è ancora oggi un'incantevole cittadina un po' addormentata sul patrimonio delle sue acque termali e delle sue corse di cavalli, molto amata dal cinema, che in un film intitolato proprio *Saratoga* e diretto da John Conway mette in scena una bella e altera Jean Harlow, pronta a giocare il tutto per tutto pur di riconquistare la proprietà familiare strappandola al duro e fascinoso Clark Gable.

Ai bei tempi, quando Saratoga Springs era uno dei luoghi più mondani ed eleganti degli Stati Uniti, Henry James, uno che di queste cose se ne intendeva, decretò che Union Street, la via principale della città, con i suoi alberghi ottocenteschi, le botteghe con i frontoni colorati, le facciate georgiane, era la strada più bella d'America. Chissà quale sarebbe oggi, la strada più bella d'America, secondo De Lillo, Brett Easton Ellis, Pynchon, i grandi scrittori di oggi, che della bellezza delle strade, a torto o a ragione, non si occupano più, divisi come sono tra l'ambientare le loro storie in uno stadio di baseball, negli appartamenti dei ricchi rampanti, sulle strade extraurbane, e comunque mai e non più nella grazia gentilizia delle piccole città americane.

Ma torniamo a Saratoga Springs, anzi, spostiamoci a cinque chilometri di distanza, in un luogo ancora più bello e misterioso, tra prati a perdita d'occhio, querce centenarie, nuvole immense che percorrono un cielo ancora più grande. È cominciata qui l'avventura di quella che sarebbe diventata Yaddo, l'utopia dell'arte, l'Arcadia novecentesca, la vacanza dalle cure del mondo, il paradiso degli artisti.

Correva l'anno 1842, e ancora da questo poggio si vedeva il lago che adesso gli alberi nascondono, ancora la vita era semplice e non sofisticata, ancora in quelle acque si pescavano le trote e i gamberi per cui il posto andava famoso, ancora la vita della futura Yaddo era quella di una semplice comunità agricola. E da qui, secondo quanto racconterà James Barhyte, passò Edgar Allan Poe. Aveva già scritto *Metzengerstein* (nel 1832), *Berenice* (nel 1835), *Morella* (nel 1835), *Ligeia* (nel 1838), *I delitti della via Morgue* (1841), giusto per citare alcuni dei suoi racconti e romanzi a noi prediletti. Non aveva ancora scritto il suo capolavoro poetico, *Il corvo*. Era anche giornalista per il "Southern Literary Messanger". Era sposato con la cugina Virginia, presa in moglie quando lei aveva solo tredici anni, sette anni prima, e che era malata.

Ancora un passo indietro. Abbiamo citato James Barhyte, ma chi era costui? Era il nipote di quel Jacobus, di origine tedesca, originario della Foresta nera, che un bel giorno della fine del Settecento, dopo aver combattuto nella guerra di indipendenza sotto le bandiere americane, e in particolare nelle battaglie di Bemis Height e di Saratoga, alla resa delle forze britanniche del generale Burgoyne era stato promosso sergente. Fu allora, mentre trasportava un gruppo di illustri feriti e prigionieri verso Albany, che Jacobus Barhyte scoprì la futura Yaddo. Lo colpì, dice la leggenda, il fatto che da qui si poteva avere una bellissima vista proprio sul campo di battaglia di Bemis

Height dove aveva appena combattuto. Il posto gli sembrò stupendo. E alla fine della guerra, nel 1784, Jacobus qui comprò quello che ufficialmente e burocraticamente si chiamava il Lot Twelve del Sixteen Allotment – il sedicesimo lotto dei terreni concessi a suo tempo ai coloni americani dalla regina Anna.

Su quella piccola proprietà il nostro Jacobus costruì una segheria, che ebbe molto successo perché era la sola di tutta la zona. Jacobus teneva anche pensione e locanda e, a quanto si sa, cucinava benissimo dei gamberi squisiti. E visto che intanto Saratoga Springs era diventata alla moda, adattò la sua nuova casa facendone una locanda, dove gli americani-bene che passavano nella più elegante Saratoga potevano venire per una breve avventura rustica.

Tra questi visitatori del bel mondo arrivò un giorno, subito dopo la caduta di Napoleone a Waterloo, anche Giuseppe Bonaparte, il fratello maggiore dell'imperatore, ed ex re di Napoli e di Spagna. E Giuseppe, sedotto dalla bellezza dei luoghi, come fanno spesso i ricchi, immediatamente e prepotentemente offrì a Jacobus Barhyte ventimila dollari per la sua proprietà. Ma dovette incassare un dignitoso e un po' indignato rifiuto.

Jacobus morì serenamente nel 1840, compianto e rimpianto, perché doveva essere proprio un bravo tipo, di quelli per intenderci (e per l'epoca) che liberavano gli schiavi e se li tenevano poi accanto tutta la vita come dipendenti modello di un padrone modello.

La proprietà, che era comunemente nota con Barythe's Farm, passò in mano a suo figlio John e poi a suo figlio James. Ed è proprio a questo James, quando aveva dodici anni, che capitò di conoscere da vicino il Poeta, il mitico autore di tanti meravigliosi terrificanti racconti e – questa è ancora la leggenda – a dargli l'ispirazione per completare *Il corvo*.

La poesia che di volta in volta è stata definita "una meditazione sull'enigma della morte" o l'"allucinazione di un'anima incomparabile", certo una delle espressioni più alte e straordinarie della letteratura americana e mondiale, venne concepita nel 1842, elaborata tra il 1843 e il 1844, e fu pubblicata nel 1845 in "The American Whig Review", con la firma Quarles. E venne concepita a Yaddo – quando ancora si chiamava Barythe's Farm.

Ricordava dunque James questo strano gentiluomo piovuto dal nulla, malaticcio e provato nonostante la giovane età (aveva, come noi sappiamo, solo trentatré anni), vestito di scuro secondo un bizzarro stile da cowboy, ma circonfuso di una malinconia niente affatto da cowboy, che passeggiava su e giù per i boschi della proprietà della sua famiglia, parlando da solo, oppure passando lunghe ore con una canna da pesca in mano – senza che mai un solo pesce abboccasse.

Al misterioso gentiluomo piaceva soprattutto sedersi sulla panca di assi che nonno Jacobus aveva costruito vicino allo stagno, e stare lì a fissare il nulla. Un giorno il ragazzino invitò lo sconosciuto ospite a entrare in casa. La mamma di James, Ann Van Rieper Gillespie, era una signora di notevole cultura che, forse per difendere l'onore familiare e non imbarazzare la fama di solidità teutonica del clan, pubblicava sì poesie, ma sotto lo pseudonimo di Tabitha.

Successe però che il Poeta, curiosando nella vecchia casa Barythe, trovasse sul caminetto un fascicolo che conteneva le poesie di "Tabitha". Gli piacquero. Si incuriosì. Chiese alla padrona di casa chi fosse l'autrice. Lei gli rivelò il segreto. Lui le rivelò la sua identità. Si sentì a casa. Le disse anche di avere in mente da tempo una lunga poesia che si sarebbe intitolata *Il corvo*.

Passò un anno. E l'estate successiva, quando il Poeta tornò, l'amicizia con il ragazzino era ormai consolidata. I due passeggiavano insieme, chiacchieravano, pescavano. Fu il ragazzino, dice ancora la leggenda locale, a suggerire che il perfetto rintocco finale per le stanze del poema dovesse essere "Nevermore". Fu la mamma la prima a leggere *Il corvo* e a dare i suoi suggerimenti. Pare – sempre secondo le cronache e i diari locali – che il Poeta la ascoltasse prendendone molto sul serio i consigli.

Cinque anni dopo, nel 1849, Poe moriva a Baltimora, quarantenne, alla maniera tragica e terribile che si sa. Ma la sua impronta si direbbe aleggi su Yaddo. Perché accade intanto che nel 1849, per ragioni che non sappiamo, la proprietà venisse venduta. E che nel 1881, dopo un vorticoso giro di proprietari, la Barythe's Farm venisse acquistata da una ricca coppia di New York che sembrava uscita da un romanzo di Edith Wharton, formata da Katrina, detta anche Lady Katrina, e da Spencer Trask, che volevano farne la loro residenza estiva.

Sul terreno dei Barythe era stata costruita da uno dei transitori proprietari una grande villa in stile Queen Anne, che nel giro di pochi anni era già una mezza rovina. Ma era il posto giusto per accogliere la malinconia di Spencer e di Katrina, i nuovi proprietari, ricchi, colti, letterati, generosi e visionari (o lungimiranti) – lei celebre bellezza imperiosa e donna seducente, lui grande finanziere di Wall Streeet (che investì, tra l'altro, nelle lampadine elettriche di Edison, con relativi ingenti guadagni) –, ma certo non fortunati su altri piani. Nel 1881, avevano appena perduto il figlio primogenito, Alan: solo il primo di una catena di lutti.

La pace della futura Yaddo sembrò loro perfetta. La strada per raggiungerla un po' più difficile. Le frammentazioni seguite alla vendita della proprietà da parte dei Barythe resero gli inizi molto complicati. Ma Katrina era Katrina e Spencer Spencer, insomma, un concentrato di volontà, determinazione e orgoglio. Superato il pasticcio legale della proprietà, nel 1882 si installarono nella vecchia villa in rovina con la loro figlioletta Christina, diedero inizio ai restauri e cominciarono a progettare cosa fare di quel luogo meraviglioso.

Prima di tutto bisognava dargli un nome. Il suggerimento – raccontano la leggenda locale e il diario di Katrina Trask – venne da Christina, quattro anni. Sarà stata la presenza dei cinquemila immensi alberi che ombreggiavano la proprietà (i famosi alberi da "opera tedesca"), o il colore scuro dei vestiti che tutta la famiglia indossava, retaggio di una catena di lutti? Fatto sta che la bambina propose di chiamare il posto Yaddo, "perché sembra una poesia. Suona come *shadow*, ombra, ma non sarà ombra".

Se fosse stata puramente ragionevole, Katrina Trask, con tutto il suo fardello di dolore alle spalle, avrebbe dovuto rifiutare l'amorevole suggerimento di Christina. Non lo fece, il nome rimase e, come scrisse la signora con amabile retorica nel suo diario di Yaddo, quella parola che ricordava l'ombra, "nello splendore della vita di qui, cominciò a significare luce".

Le cose per i Trask non andavano lisce, comunque. Nel 1891, la casa al centro della proprietà, restaurata amorevolmente con il fantasioso gusto kitsch dell'eclettismo fin de siècle, fu rasa al suolo da un incendio. Come si faceva a dare una simile notizia al povero Spencer, che giaceva a letto a New York con una terribile polmonite?

Lady Katrina non ebbe dubbi. E dal suo letto a Manhattan l'indomabile Spencer organizzò le cose in modo che una squadra di fotografi si recasse a Yaddo a fotografare le rovine, in preparazione della futura ricostruzione della casa. Anzi, altro che ricostruzione. La casa sarebbe stata più grande e più bella. Le forze del male non avrebbero prevalso. E il motto per la nuova casa fu scelto da un libretto latino e iscritta in una splendida vetrata in stile Art Nouveau che gli Spencer fecero preparare a caro prezzo da Tiffany, allora all'apice della sua gloria come maestro vetraio. La vetrata venne installata sull'immenso camino della villa ricostruita e annunciava (e annuncia): "Flammis Invicta per Ignem / Yaddo Resurgo ad Pacem" – Non vinta dalle fiamme, io, Yaddo, rinasco per la pace.

Quando nacque l'idea di Yaddo quale Yaddo è stata dal 1926 a oggi, l'idea dell'Arcadia letteraria, il sogno del rifugio in cui gli artisti – i letterati, come il nume tutelare del luogo, Edgar Allan Poe, ma anche i musicisti, i pittori, gli scultori, e ai giorni nostri, perfino la vil razza dannata dei cinematografari – avrebbero potuto trovare pace e ispirazione, cibo e protezione, silenzio e raccoglimento? Erano successe molte cose terribili, in quegli anni, ai poveri ricchi Trask. Uno dopo l'altro i loro tre figli superstiti (la piccola Christina che aveva inventato il nome Yaddo e gli altri due che erano nati dopo che Yaddo era diventata di loro proprietà) morirono, di quelle malattie di cui nessuno oggi più muore. Altri si sarebbero abbandonati alla disperazione, e per un attimo – racconta Katrina nel suo diario di Yaddo scritto anni dopo, tra il 1917 e il 1918 – anche lei e Spencer ebbero l'idea di lasciare la casa a qualcuno della famiglia. Ma tutti i ricchi parenti Trask a conti fatti avevano già delle bellissime case, lo stesso gli amici. E fu così che un giorno del 1899 Katrina, mentre passeggiava con il marito nell'immenso terreno di Yaddo, venne folgorata da un'ispirazione.

Ma è meglio lasciare la parola a Katrina e alla sua prosa ispirata: altro che scuola, istituzione per i bambini, istituto di beneficenza, come le veniva suggerito da più parti dai pietosi e affezionati congiunti e amici. L'idea di Katrina era diversa, come annunciò a Spencer allargando le braccia verso il cielo. "Coloro che sono stanchi della città, che hanno sete di campagna e di bellezza, che sono limitati dalle circostanze e non hanno alcuna chance di creare per se stessi un bell'ambiente, lo troveranno qui. A Yaddo troveranno il Fuoco sacro, e accenderanno le loro torce alla sua fiamma. Guarda, Spencer! Camminano nei boschi, percorrono il giardino, siedono sotto i pini, uomini e donne – creando, creando, creando." Tale era la sua foga che Spencer credette di vederli anche lui, lì per lì, quegli uomini e quelle donne, quegli artisti accesi dal Fuoco sacro della creatività. Il patrimonio che doveva essere dei quattro sfortunati bambini divenne quello della fondazione che avrebbe ospitato l'Arcadia dell'arte, gli artisti famosi e sconosciuti, ricchi e poveri, che venissero da grandi case o che vivessero in stanze ammobiliate. Il passaporto per entrare a Yaddo, nell'utopia del bello, sarebbe stato uno solo: la creatività.

Ma siccome tra il dire e il fare ci furono di mezzo un sacco di lavoro, molti sforzi economici e molti saggi investimenti per il milione di dollari (di allora) che i Trask intendevano legare all'istituzione, fu necessario qualche anno perché l'avventura di Yaddo entrasse a regime. La data ufficiale della fondazione di Yaddo come istituzione culturale è il 1900. L'inizio effettivo della sua organizzazione fu il 1926. Nel 1909, il povero Spencer, per chiudere gloriosamente una lunga serie di tragedie familiari, morì in un incidente ferroviario. Katrina scomparve nel 1922. Per una delle tante sfortunate congiunture della sua vita, quando il progetto da lei sognato e ideato non era ancora diventato una realtà.

Lo diventerà quattro anni dopo, quando un vecchio amico della coppia, George Foster Peabody, da sempre innamorato silenziosamente e castamente di Katrina (e suo secondo marito dopo la morte di Spencer), assunse come direttore della utopica impresa una giovane donna di nome Elizabeth Ames. Elizabeth Ames avrebbe condotto la navicella di Yaddo per cinquant'anni, attraverso bonacce e tempeste, successi e battaglie, fino alla morte.

Da allora, a partire dal 1926, Yaddo ha ospitato, nutrito, protetto, nascosto, incoraggiato, oltre cinquemila ospiti, e il Gotha in fieri della cultura americana, da Milton

Avery a James Baldwin, da Leonard Bernstein a Truman Capote, da Sylvia Plath a William Carlos Williams, da Jules Feiffer a Katherine Ann Porter a Todd Solondz, il regista di *Happiness* (che però, anticipiamo il pettegolezzo, non ha resistito più di tre giorni allo stile "genteel", aristocratico, silenzioso della vita di Yaddo, facendo le valigie e partendo anzitempo). Ma quando si dice Gotha, significa Gotha veramente. Nell'insieme, come annuncia con orgoglio un dépliant illustrativo della fondazione, gli artisti di Yaddo hanno conquistato cinquanta premi Pulitzer, quarantasei National Book Award, un Oscar – per tacere dei riconoscimenti minori.

Yaddo – quattrocento acri di terreno boschivo, prati e stagni – era ed è organizzata attorno alla grande casa di Katrina e Spencer, una sorta di affascinante mostro di pietra nel più eclettico e assurdo stile tardo vittoriano progettato da William Halsey Wood, un esempio sublime di quel kitsch architettonico che gli americani spesso scambiano per chic europeo, in questo caso un incrocio di château francese e di mansion nobiliare britannica (e in effetti si dice che l'ispirazione per Yaddo sia venuta da un castello inglese, Haddon Hall).

Le stanze del grande pianterreno sono tutte rivestite di quercia scura, le poltrone sono altissime, i camini immensi, le tende sono di pesante velluto. Le vetrate sono piombate, le scale sono scaloni, le porte sono archi trionfali, i ritratti dei fondatori e dei loro poveri bambini grandissimi e incombenti: tutto antico vero e antico falso, tutto maestoso e "cozy" al tempo stesso, tutto irrazionalmente maestoso – salvo una maestosa, razionalissima cucina piena di acciaio che ogni giorno sforna i pasti per gli ospiti. Questo palazzo nel bosco è composto di cinquantacinque stanze, ed è circondato da cottage più o meno grandi, come lo Stone Tower Studio, che svetta con la sua torre sopra gli alberi e da cui si può vedere fino al Monte Equinox, nel Vermont, verso est, o come la West House, o come Pinetree, che era la sede preferita di Carson McCullers: e poi dépendance, annessi, giardini di pietra, giardini di rose, pergolati in stile pompeiano, e perfino – omaggio ai tempi e al caldo dell'estate, causa di brividi sdegnati da parte di alcuni adepti del culto, più fedeli all'austerità di sempre – una piscina. Ci sono interni arredati nel più semplice degli stili shaker, stanze alla Arts and Craft, la funzionalità pura dei loft. E, giurava qualcuno degli ospiti alla vigilia del 2000, c'è anche qualche fantasma ciarliero, residuo di giorni più romantici.

"Ospiti negli studi / Muse, componete. / Dentro, la fenice di Tiffany si alza / sopra il camino; / due slitte scolpite / riposano su un tappeto arancio vicino al pilastro" scriveva Sylvia Plath in una delle poesie dedicate a Yaddo. Anche per lei, poetessa giovane, geniale e povera, sempre afflitta dalle necessità e dagli obblighi quotidiani, che furono il limite e la fonte della sua angosciata poesia, l'ospitalità generosa di Yaddo dev'essere stata un meraviglioso dono di tempo, spazio, invenzioni. In questo asilo infantile per anime belle che si prendono una vacanza lavorando come matti, giocando come infanti e (spesso, si dice) copulando come ricci, sono passate, come dicevamo, le migliori teste d'America.

Ma come e perché ci sono passate? A sceglierle, dal 1926 in poi, fino al 1949, è stata Ms (concediamole l'appellativo inventato dalle signore che non si curano del loro stato civile) Elizabeth Ames. Secondo un bel ritratto che le dedica in un piccolo libro di ricordi di Yaddo John Cheever, l'autore di *Falconer*, vincitore di un premio Pulitzer e di un National Book Award, che di Yaddo è stato ospite ben ventidue volte, da quando aveva ventidue anni, nel 1934, Elizabeth, l'indomabile signorina, viene descritta come molto graziosa e molto rotonda, con una "imperturbabile femminilità", bianche braccia e belle spalle che il tempo non toccava. Era anche molto sorda: una minorazione che, a quanto registrano i suoi biografi, lei utilizzava astutamente in ogni discussione, non ascoltando mai le argomentazioni che l'avrebbero messa in difficoltà.

Veniva da Minneapolis, e non si sapeva granché del suo passato e del perché fosse capitata lì, salvo che l'aveva scelta con il suo infallibile buon senso e buon gusto il bravo Peabody: ma era, a detta di tutti, bravissima. Bravissima nel fiuto con cui, insindacabilmente, sceglieva gli ospiti della sua Arcadia. Bravissima nel tenere in vita lo stile e il ricordo di Katrina.

Se è vero che Yaddo aprì i battenti nel 1926, si capirà che importanza abbia avuto l'esistenza di questo rifugio ideale per la comunità artistica dopo la crisi del 1929, che impoverì ulteriormente i già poveri. L'invito a Yaddo – per un mese, due, tre, qualche volta sei – arrivava a "uomini e donne affamati che vivevano in stanze ammobiliate" e che, per dirla con le parole di John Cheever, avrebbero trovato a Yaddo "una stanza in cui si poteva contare di non essere disturbati fino alle quattro del pomeriggio e contare poi su una compagnia simpatica, una nuotata e una buona cena". Si può aggiungere che questi uomini e donne non avrebbero avuto mai, se non fosse esistita Yaddo, la calma, la pace, il cibo, la tranquillità per dedicarsi a fare le cose suggerite dal loro talento, che non avrebbero mai incontrato altri esseri di genio con cui misurarsi, confrontarsi, discutere, flirtare, vivere, scrivere, poetare, giocare.

Dalle cronache locali si capisce anche che Elizabeth, per quanto fosse anche secondo alcuni un'autocrate, doveva essere anche comprensiva e tollerante: quegli uomini e quelle donne affamati, una volta arrivati a Yaddo, si comportavano spesso come studentelli indisciplinati – o come tumultuosi amanti. All'inizio Ms Ames aveva preso l'abitudine di lasciare sul grande tavolo di quercia dell'ingresso bigliettini (blu) di reprimenda e di rimprovero per gli indisciplinati. Poi, magnanima, si arrese. Sarà per questo che Yaddo – a quanto ho appreso da fonti dirette – è stato ed è tuttora un paradiso dell'eros, anche del più indisciplinato?

Era anche, Ms Ames, una rocciosa e solida sostenitrice del libero pensiero. Accadde che negli anni bui del maccartismo, in quella che fu una "cause celèbre", Elizabeth venne messa pubblicamente sotto accusa da Robert Lowell, il grande poeta (cattolico) de *Il castello di Lord Weary*, *I mulini di Kavanaughs*, *Presso l'oceano*. Lowell sarà anche stato un grande artista – e pacifista, antirazzista, obiettore di coscienza. Ma era anche paranoicamente anticomunista, e trovò degli alleati in Elizabeth Hardwick, Flannery O'Connor e Edward Maisel. L'accusa, pericolosissima per quei tempi, che lanciò contro Elizabeth era di essere una simpatizzante comunista e di aver dato rifugio ad agenti comunisti. L'occasione del contendere era la frequente presenza a Yaddo di Agnes Smedley, una studiosa di comunismo cinese. Ms Ames era certamente antifascista, se questa etichetta aveva un senso in America, e a Yaddo avevano trovato rifugio durante la guerra e negli anni precedenti numerosi rifugiati ed esuli dell'Europa nazifascista. L'accusa lanciata da Lowell, per quanto insensata, come tutti capirono ben presto, rischiò di rovinare sia Ms Ames sia la fragile utopia di Yaddo. E il rumore e il disturbo che ne seguirono ebbero la violenza di un tornado.

Si chiesero le dimissioni di Ms Ames. E un giorno del marzo 1949 si arrivò a un grottesco processo nel garage della villa davanti al consiglio d'amministrazione di Yaddo: un processo che, come era evidente, non portò a nulla. Ms Ames – che era quacchera di religione e pacifista per temperamento – rimase al suo posto ma, in omaggio alle paranoie dei tempi e, forse, alle invidie di molti, le fu tolto il privilegio di invitare per una seconda volta i suoi ospiti: privandola di un diritto acquisito grazie al tocco di sensibilità e genio che aveva mostrato in tutti i suoi trent'anni di Yaddo. D'ora in avanti avrebbe deciso il Board of Directors. Che per la verità, continuò a scegliere bene. Ms Ames, con il suo residuo potere, si tolse solo una soddisfazione: chiese a Lowell di andarsene. E, *with a little help from her friends*, vinse.

Di queste scelte Malcolm Cowley – scrittore, e critico – riassume così l'avvicendarsi: prima erano tutti scrittori "genteel", di classe borghese, poi, dopo la crisi di Wall Street nel 1929, la selezione di Yaddo divenne più "proletaria", successivamente "southern" ed ebraica, ma sempre più politicizzata. Infine, durante e dopo gli anni di McCarthy, si è formata una nuova alleanza, questa volta con il mondo accademico, da cui Yaddo si era prima tenuta lontana. Ma il livello del talento degli ospiti selezionati non è mai sceso. Yaddo – più ufficiale, più rigida, meno libera – è rimasta Yaddo.

Come si vive e si viveva a Yaddo? In pace. Con qualche tocco di eccentricità. Regola numero uno: non si portano i mariti e le mogli, per non dire gli amanti e le amanti. Quelli eventualmente ce li si fa in loco. Regola numero due: per creare bisogna stare in concentrazione, senza cure quotidiane. Ed ecco allora che il mattino dalle stanze e dai padiglioni, dagli studi e dalle torri, gli ospiti – in media una trentina, più numerosi d'estate, meno numerosi d'inverno, quando la neve copre Yaddo per mesi – arrivano per la prima colazione nella grande sala da pranzo rivestita di quercia in stile *Cena delle beffe*. Chi è di cattivo umore – o semplicemente di umore meditativo, o semplicemente antipatico, cosa che accade di quando in quando – ha il diritto di sedersi alla "silent table", dove per statuto si è autorizzati a non aprire bocca se non per ingoiare i cereali del breakfast. Poi ciascuno prende il cestino per il pranzo preparato dalla cuoca e contrassegnato dal nome di ogni singolo ospite (che in realtà non è più un cestino, ma un razionale contenitore di metallo, dove sono sistemati bastoncini di verdure, un sandwich, una mela, e poco di più) e tutti ritornano al proprio alloggio e al proprio lavoro, così da non avere bisogno di interromperlo per pranzare. Di più: non ci sono telefoni nelle stanze. Non ci sono televisori. La regola che vale per tutti è quella delle "silent hours": niente visite e niente chiacchiere tra vicini fino alle quattro del pomeriggio. Ci si ritrova nel tardo pomeriggio e per cena – evento molto atteso perché la fama della cucina di Yaddo, meritata o no, è altissima (ma qualcuno racconta che il menu è sempre lo stesso, pollo la domenica, spaghetti il lunedì, stufato il martedì eccetera. Qualcuno ha timidamente chiesto: "Non si potrebbe cambiare il menu?". Gli è stato risposto che è più facile cambiare gli ospiti...). Molti si ritrovano anche la notte. Nel paradiso laico di Yaddo gli arcadi si sono sempre sentiti *legibus soluti*, in una sorta di hotel del libero scambio amoroso.

Ancora una volta il protagonista di un piccolo scandalo locale fu Robert Lowell, che nel 1949 venne qui raggiunto, in maniera autonoma, dalla fidanzata Elizabeth Bishop (letterato lui, letterata lei, le regole erano rispettate), la quale dovette scoprire ben presto come il suo moroso avesse cambiato idea e stesse per sposare, dopo un flirt sotto le querce di Yaddo, Elizabeth Hardwick. Un altro piccolo scandalo benevolmente accettato vide protagonista Delmore Schwartz, il poeta che, avendo ottenuto l'ammissione a Yaddo proprio pochi giorni dopo che si era sposato, fece entrare clandestinamente la neomoglie nella sua stanza e le portava gli avanzi del pasto dalla sala da pranzo. Fu scoperto e perdonato. I poeti, spesso, sono poveri e innamorati.

"Yaddo è il mio posto preferito," scrisse l'eternamente infelice Carson McCullers, la "fanciulla prodigio della letteratura americana", sposata a un alcolista, amante di uomini e donne, e alla fine suicida. Era, per lei, l'unico posto in cui stava in pace. Come darle torto? Anzi, le davano e le danno tutti ragione, salvo il succitato, inquieto Todd Solondz, il regista di *Addio alla scuola media* e del provocatorio e sgradevolissimo *Happiness*, il quale – ma si sa anche che quelli del mondo del cinema sono speciali per definizione – scappò a gambe levate e insalutato.

Doveva essere anche il posto preferito di Patricia Highsmith che, ventisettenne e molto bella, lavorava allora in un grande magazzino di New York, cercando disperatamente il modo di finire il suo primo romanzo, e che, grazie al soggiorno a Yaddo, nel corso di due mesi dell'estate 1948, completò *Sconosciuti in treno*, poi pubblicato nel 1950. La sua riconoscenza per il luogo e l'istituzione fu eterna. Tanto è vero che morendo, nel 1995, ha lasciato a Yaddo, riconoscendo il valore dell'utopia dei Trask, la bella cifra di tre milioni di dollari, che sono andati ad aggiungersi al già generoso contributo da lei versato negli anni precedenti. Un lascito che riaffermava il ruolo fondamentale che Yaddo aveva avuto nel permetterle di esprimere quello che aveva dentro.

Patricia Highsmith aveva fatto domanda per entrare a Yaddo (ancora retta con la solita mano d'acciaio nel guanto di velluto da Elizabeth Ames) su suggerimento dell'amico Truman Capote che – gentilezza un po' pelosa – aveva bisogno di un appartamento e aveva pensato, raccomandandola a Yaddo, di usare quello che la ragazza avrebbe lasciato libero. Quanto a lui, era arrivato la prima volta a Yaddo, bellissimo, giovane e inquietante, a ventun anni. Era, secondo la definizione di Malcolm Cowley, il periodo meridionalista di Yaddo. C'erano Carson McCullers, che qui scrisse *Invito di nozze*, dedicandolo a Elizabeth Ames, Eudora Welty, che soffrì a Yaddo del blocco dello scrittore, oppressa, come confessò, dall'esaltazione e dalla tensione creativa del gruppo, Katherine Ann Porter, Flannery O'Connor, Robert Lowell, Henri Cartier-Bresson, Alfred Kazin.

Spregiudicato e provocatorio, il giovane Capote ("c'è del talento, qui" dice l'annotazione con cui venne accolta la sua prima domanda di ammissione a Yaddo) compose in quei mesi gran parte di *Altre voci, altre stanze*. E intanto serviva Martini molto secchi nella sua stanza nella torre Gotica, sparlava di tutti e si concedeva alcuni "love affaire" con donne e con uomini, tra cui Howard Doughty – che avrebbe forse preferito tenerlo segreto anziché diventare, grazie all'estroversione di Capote, oggetto di ciacole e pettegolezzi – e, soprattutto, con Newton Arvin, che era stato uno dei suoi insegnanti, professore allo Smith College ed era, sino allora, un omosessuale nascosto: scoppiò una storia che fu molto importante per Capote anche dal punto di vista della sua crescita letteraria. Perché era giovane, Truman Capote, in quell'estate del 1946, poco più che ventenne e molto bello, con una faccia da angelo e un robusto corpo da pony. In ogni caso, mise tutti in uno stato di grande eccitazione e giocosità. "È responsabile di aver trasformato l'estate in una danza delle api" scrisse un ospite. Più romantica, Eleanor Clarke annotò che quell'estate "l'aria era densa di ineffabile romanticismo, in una dimensione prossima alla leggenda, sia per grandezza sia per tragicità".

Leonard Bernstein fece domanda di ammissione che aveva da poco compiuto i diciotto anni – e, cosa che la dice lunga sulla lungimiranza della gente di Yaddo, fu subito accolto. John Cheever che, dice lui, non aveva per raccomandarsi altro che la parola di Malcolm Cowley e "qualche storia pubblicata", divenne, come si è detto, uno degli ospiti regolari. Eudora Welty arrivò presentata da Katherine Ann Porter, che a Yaddo scrisse il nucleo di quello che sarebbe diventato *La nave dei pazzi*. Qui, durante il primo soggiorno di un giovane scrittore di nome Philip Roth, è nato *Il lamento di Portnoy*. Qui è sbocciato nella mente di Saul Bellow il personaggio di Henderson, *Il re della pioggia*. Henry Roth, l'autore di *Chiamalo sonno* e protagonista del più lungo blocco creativo che si ricordi (lo romperà solamente quarant'anni dopo il successo del debutto, alla vigilia della sua scomparsa, con un ciclo intitolato *Alla mercé di una brutale corrente*, tre fluviali volumi di una minuziosa saga autobiografica) visse qui lunghi periodi assieme alla sua amata musa Eda Lou Walton, probabilmente incrementando con la sua presenza – di lui proletario, comunista, attivista – la leggenda di Yaddo come colonia eversiva. Finché proprio a Yaddo incontrò Muriel, la giovane musicista, povera come lui, che sarebbe diventata sua moglie e la compagna amatissima di tutta una difficile vita. I memorialisti di Yaddo ricordano anche, in tempi più recenti, una fugace apparizione del giovane Bob De Niro che accompagnava da New York il padre pittore – anche lui di nome Robert – in una macchina molto malconcia piena di pennelli, colori, cavalletti, tavolozze.

Yaddo riceveva e riceve circa mille domande di ammissione all'anno. E ne accettava e accetta circa duecento, suddivise in quattro categorie – arti visive, letteratura, composizione musicale, performing arts e cinema –, facendole passare al vaglio di quattro *panels* di selezionatori della stessa specializzazione, sotto la guida del presidente Michael G. Sundell. E ora che, dal 1999, gli archivi di Yaddo (domande di ammissione, valutazioni, lettere, fotografie) sono stati acquisiti, per una cifra che si immagina notevole, dalla New York Public Library, sarà interessante andare a studiare nei dettagli i segreti e la storia di questa utopia americana. Si sa già di una lettera di Lionel Trilling che, presentando James Baldwin, lo definisce "uno degli uomini migliori e più promettenti della sua generazione". Si sa di un appunto di Katherine Ann Porter, sulla sua carta intestata azzurra, che, parlando degli ospiti presenti a Yaddo, tira una frecciata a Truman Capote: "La lista degli ospiti è di alta qualità, non c'è Capote, per dirne una". Leonard Bernstein, ancora studente a Harvard, compila un lungo elenco dei suoi sostenitori, tra cui Aaron Copland. E, per dare una misura della difficoltà dei tempi, si può leggere una lettera datata 1942 del proprietario di un club chiamato New Worden, a Saratoga Springs, che scrive a Ms Ames garantendo sì a Langston Hughes, "lo scrittore di colore", l'ingresso nel suo pub, purché accompagnato da qualcuno – bianco, of course – di Yaddo. Ci sono le buste sigillate che contengono i nomi dei refusé (ma a onor di Yaddo, dalle prime che sono state aperte non risulta che si siano verificate delle esclusioni clamorose). C'è la prima versione di una commedia di Carson McCullers, *The Square Root of Wonderful* che si intitolava allora *Marvellous to the Millionth Power*. Come si vede, un pozzo di informazioni sulla storia delle arti americane di questo secolo.

Cosa dicono gli ospiti di queste recenti stagioni, di questi anni mitici? Sostengono tutti in coro che il problema degli amori, gli amori selvaggi di cui si favoleggia, non si pone. Come si farebbe ad averli, nel fervido clima di lavoro del luogo? Ma concordano anche sul fatto che Yaddo continua a essere un luogo ideale, una vacanza dalla vita, in cui si produce nell'arco di due mesi più di quello che non si riesce a fare a New York in un anno.

Ma l'utopia, il sogno, l'ideale, restano gli stessi? Gli ospiti di oggi sono meno omogenei che in passato. Joe Caldwell, uno scrittore molto "classico", Premio dell'Accademia americana a Roma, autore di *In such Dark Place*, di *The Uncle from Rome* e di tanti altri libri scritti a Yaddo, o Marilyn Chen, una delicata poetessa di origine cinese, convinta che a Yaddo si aggiri il gentile fantasma di Katrina, o Susan Crile, una notevole pittrice di grandi cicli – il più impressionante sugli incendi del Kuwait durante la Guerra del Golfo – hanno ben poco da spartire con William Pope L., un body artist nero e rasta che, giusto per dare un'idea, nel corso della sua carriera ha rovesciato decine di litri di latte nei rigagnoli di Brooklyn, si è esibito travestito da hamburger e ora, nella sua ultima performance, in segno di polemica con la cultura rappresentata dal "Wall Street Journal", ne mastica pubblicamente le pagine, le rigurgita, e le studia per trarne auspici in stile voodoo – il tutto meditato a Yaddo e messo in scena in una sofisticata galleria della nuova Harlem.

Se fosse ancora tra noi, Ms Ames non si scandalizzerebbe certo. I suoi ragazzi e le sue ragazze – Patricia, Truman, Katherine Ann, Carson e gli altri – non erano meno strani, visti nella prospettiva di sessant'anni fa e più. E non si scandalizza Michael G. Sundell, che amministra saggiamente il patrimonio della fondazione e finora è riuscito a mettere insieme ogni anno il milione e settecentomila dollari necessari a mandare avanti l'impresa. Certo, se si fanno un po' di conti e si divide un milione e settecentomila dollari per duecento, be', si scopre che ogni ospite di Yaddo per un soggiorno medio costa ottomilacinquecento dollari. Molto poco, anche a fare i conti secondo una logica puramente contabile. Come si vede l'utopia non è poi così impossibile anche in termini economici: il costo del sogno della comunità ideale nutrita dall'intelligenza, dalla cultura, dalla fantasia, dalla creatività, dal gusto, aspetta altri visionari che abbiano voglia di creare, creare, creare (come avrebbe detto l'ottima Katrina).

5.

Arcosanti

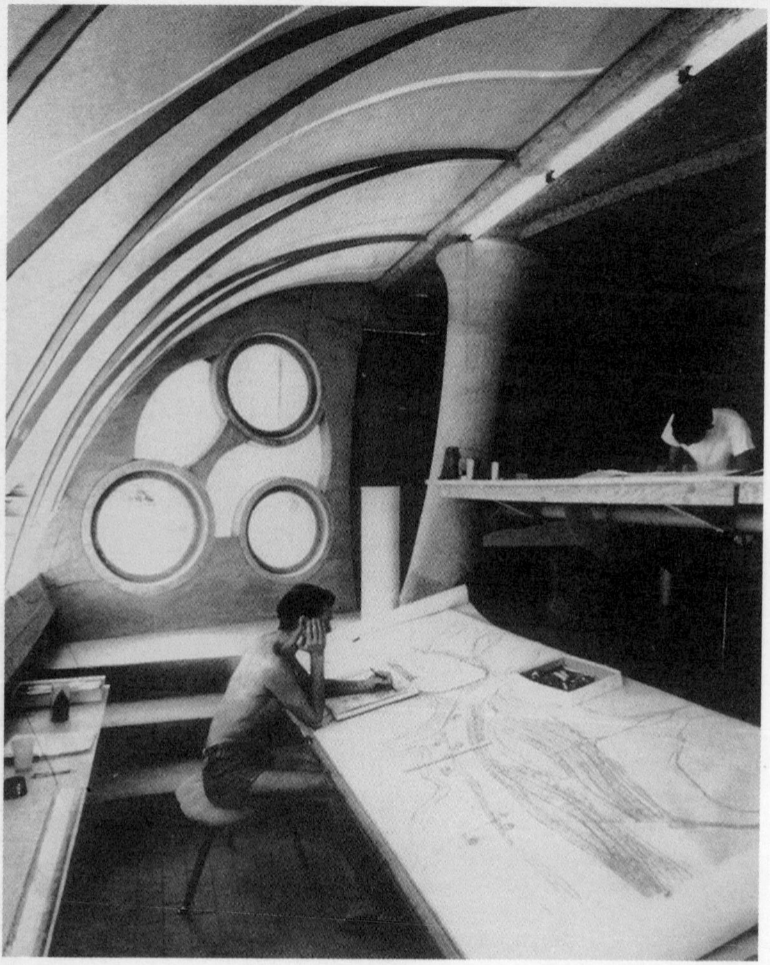

Paolo Soleri nel suo studio a Cosanti, mentre progetta Mesa City

Il primo incontro concreto con il mito di Arcosanti, la città ideale costruita da Paolo Soleri, ha luogo su una delle tante strade che si slanciano, protese verso l'infinito del deserto, a partire da Phoenix – che già lì, dove mi trovo, forse non è più Phoenix, ma Scottsdale, oppure Tempe, oppure Mesa o Gilbert o Chandler, sobborghi-città dell'America profonda, senza confini ma perfettamente delimitate, megalopoli a macchia d'olio, aggregati urbani concentrati attorno a una Main Street fiancheggiata da shopping center e da multiplex, in un'uniforme griglia ortogonale che scandisce regolarmente l'altipiano di basalto dell'Arizona centrale, scavalca qualche montagna, e torna a ricomporsi nella sua geometria ortogonale come se la linea retta fosse l'unico possibile collegamento tra due punti e l'apparenza della razionalità l'unica logica. Una descrizione impressionistica per dire una cosa oggettiva: che dal 1970 alla fine del secolo, l'area metropolitana di Phoenix si è raddoppiata, e che è ora più grande di quella tristemente famosa di Los Angeles, e che il deserto viene distrutto al ritmo – sconvolgente – di un acro all'ora (tanto che nel rapporto annuale del Sierra Club sull'"urban sprawl", Phoenix si è meritata una "menzione disonorevole").

Ho perso la strada. Sono le nove di sera e la notte è buia. Ma per fortuna c'è la polizia, e cioè due aitanti signori che, parlando a turno come Cip e Ciop, scendono dalla loro lampeggiante macchina di servizio, scambiano la mia incertezza per ebbrezza, controllano che in effetti di eccessi alcolici non c'è traccia e che sono solo una signora confusa e straniera, e si offrono di aiutarmi.

"Dove va, Miss?"

"Sto cercando di andare ad Arcosanti."

"Ah ah." Il sorriso accondiscendente sottintende "un'altra originale, un'altra matta, un'altra che va a unirsi a quel gruppo di vecchi hippy".

Ma sono molto cortesi con le signore straniere, i poliziotti di Phoenix e dintorni. Al sorrisino allusivo seguono le indicazioni. Poi il consiglio di trovarmi per la notte un buon vecchio motel da quelle parti e di proseguire per Arcosanti il giorno dopo. Seguono gli auguri quando comunico loro che io e le mie amiche preferiamo continuare. "Fate pure, ma ad Arcosanti a quest'ora dormono già tutti," insinuano, protettivi ma arresi di fronte a quella che vedono come una generosa ostinazione da neofiti del culto di Arcosanti e con un'aria critica di tanta dura disciplina, nostra e degli arcosantesi, ma anche, in fondo, ammirati degli uni e delle altre.

In effetti, un'ora e mezza più tardi e sessantacinque miglia dopo, all'uscita 262 della Interstate 17 che procede baldanzosa nella notte verso i mitici paesaggi del cinema western (Sedona, con i suoi vorticosi precipizi rossi, il Grand Canyon con la sua immensità spalancata al sole, Monument Valley con le sue gotiche guglie di granito), incontriamo il buio assoluto. Non c'è da stupirsi, Cip e Ciop avevano ragione: allo svincolo di Cordes Junction (tre distributori di benzina, un baretto, un piccolo spaccio, tutti immersi nel silenzio notturno, ma anche di giorno, lo dico per averlo scoperto poi, senza gran vita), dopo un miglio di strada bianca da cui si alzano, alle nostre spalle, grandi nuvole di polvere, il simbolo di Arcosanti – un cerchio di bronzo che definisce Arcosanti "An Urban Laboratory" – annuncia che il posto è aperto (altro che hippy, gli orari sono quelli di un ufficio) 9 to 5, dalle nove alle cinque.

Nel buio, il posto sembra un incrocio tra le rovine di Caracalla restaurate da un restauro conservativo, una cattedrale incompiuta, un cantiere abbandonato, un campus di notte, un monastero e una città fantasma. Il tutto si staglia sullo sfondo della notte dell'Arizona, che è piena sicuramente di chimere (questo posto non è nato da un sogno?) ma non di capinere, e risuona di inquietanti rumori di vita animale notturna.

Per fortuna, come nelle fiabe, una lucina fioca fioca ci conduce verso quello che il mattino dopo scopriremo essere il bar-caffeteria di Arcosanti. E lì, nel greve silenzio della mesa e di questo incompiuto monumento all'ideale urbanistico, a salvarci dal panico c'è un essere umano, in jeans tagliati al ginocchio e sneakers. Ci aspettava. Le nostre stanze sono laggiù, due livelli e cinquanta metri più sotto, verso il fondo del piccolo canyon, queste sono le chiavi, volete dell'acqua da bere? Buonanotte.

Sprofondiamo nel sonno in uno spartano lettino, investite dal getto d'aria di un ventilatore capriccioso e incostante, sotto un tetto che ospita una famiglia di gechi troppo accaldati per muoversi, nella bollente notte dell'Arizona, nella città del sole di Paolo Soleri, nel cuore di un'utopia vivente che va a dormire presto.

La parola utopia irrita profondamente Paolo Soleri – il nostro ospite, che ha ottantatré anni brillantemente portati, una bella faccia asciugata dal sole del deserto, gli occhi blu, un camiciotto verde, braghe di tela al ginocchio e l'aria di un poeta che, pur da poeta, ha molto molto da fare e corre sempre, efficientissimo e fiero, da un punto all'altro della sua città del sole. Utopia vuol dire un luogo che non c'è da nessuna parte. Dunque non esiste utopia, protesta, dove la cosa c'è. E qui ad Arcosanti c'è, da trent'anni, e nel 2000 si è festeggiato il trentennale della posa della prima pietra. L'idea, la sua idea, resiste, la minicittà esiste, ci sono i suoi settanta abitanti, la vita scorre, siamo addirittura alla seconda generazione di arcosantesi.

Mi arrendo. Usiamo la parola utopia, prometto, come marchingegno dialettico, giusto per capirci. Diremo utopia e parleremo di ideali, speranze, rivoluzione dell'esistente. Non è convinto. Come ha scritto, "il laboratorio è per definizione una cosa con cui l'utopia non può coesistere. L'utopia è conclusiva, se non la conclusione stessa. Il laboratorio è quell'esempio o quell'occasione che scorre lungo l'onda degli eventi che la realtà crea. Non c'è nessuna pretesa di definitività o di privilegio nel mio progetto, niente della sindrome degli 'eletti' o dei 'prescelti'. Se cerca l'utopia, salti Arcosanti. Non troverà niente di suo gradimento qui. Pianificazione sì, anticipazione sì, ottimismo sì, fallimenti sì. Utopia? Che cos'è?". Molte scuse fantozziane da parte della svillaneggiata cronista.

Ripercorriamo dunque la storia di Soleri e la storia di un'utopia urbana (secondo me) che, nel concreto (secondo Soleri), vuol dire proposta di una vita diversa.

Da dove è meglio cominciare? Dai dati o dalle idee? Nel caso di Paolo Soleri fortunatamente non c'è dubbio, perché pratica di vita e pensiero sono strettamente intrecciati. Gli americani, che sull'Italia hanno idee semplificate e confuse, hanno deciso che Soleri ha l'aria ascetica "di un san Giovanni Battista del primo Rinascimento, anche nei suoi shorts blu", anzi, di più, che è un italiano alla Leonardo da Vinci, o quanto meno che è paragonabile a un "Renaissance thinker". La cosa suona un po' enfatica anche a lui, ma si capiscono le ragioni degli americani. Anche Soleri, come i grandi del Rinascimento cui lo paragonano, è un visionario che unisce la fantasia alla tecnica. Soleri è torinese, nato nel 1919. Un gigantesco librone scritto da Antonietta Iolanda Lima, che la studiosa palermitana gli ha dedicato in occasione del suo ottantesimo compleanno, nel 1999, in coincidenza anche con il Leone d'oro alla carriera con cui l'allora direttore della Biennale architettura, Massimiliamo Fuksas, rinosceva l'importanza del lavoro di Soleri, ci dice con precisione che Paolo Soleri è nato il 21 giugno 1919, che "lo segnano modestia, frugalità e metodica della madre. Del padre, che possiede una piccola fabbrica di componenti elettrici in ceramica, i lunghi silenzi, le rivendicazioni della libertà, l'antifascismo, la passione per la natura". Un'espressione "del primo Novecento settentrionale borghese", secondo Soleri, che "in una capsula di realtà certamente piccola seppe produrre un capolavoro dell'arte del vivere".

Anche Torino ha avuto una parte determinante nella formazione del futuro architetto: una città in cui potevi stare e viverla, e uscirne con assoluta facilità. Il giovane architetto è attratto da Gropius e da Aalto, ammira Giovanni Muzio che è tra i suoi insegnanti al Politecnico di Torino. Ma si considera un autodidatta: la guerra ha sconvolto ogni organizzazione universitaria. E quando si laurea finalmente, nel 1946, con il massimo dei voti, fa contemporaneamente, attraverso un opuscolo, la scoperta che in un modo o nell'altro indirizza la sua vita: la scoperta si chiama Frank Lloyd Wright, il grande architetto, che a Taliesin West, nel deserto dell'Arizona, ha una casa, villa, scuola, studio, cenacolo chiamato Frank Lloyd Wright Foundation. Un altro posto che merita un viaggio, un'altra storia da raccontare, un luogo magico che concentra tra le sue mura rosse un capitolo importante della storia dell'architettura e dell'urbanistica contemporanee.

Soleri decide di andare a bussare alla sua porta. Wright accoglie il giovane italiano e lo mette al lavoro: visto che Soleri non parla ancora l'inglese, gli affida il giardinaggio e il servizio a tavola (sarà per questo che anni dopo, ad Arcosanti, nel regno di Soleri, esisteva la cosiddetta "borsa F.L. Wright", che consisteva nell'aiutare in cucina e lavare i piatti per una settimana, in cambio, crede di ricordare una devota frequentatrice di Arcosanti, dei pasti gratis?). Un'altra versione della storia è che lo stesso Soleri abbia preferito fare i lavori fuori dalla "drafting room" per evitare la banale e pedestre esecuzione di lavori altrui e concentrarsi sui suoi progetti.

Impossibile chiedere al diretto interessato questi dettagli: banalità. Quello che conta è che Soleri tace e assorbe, anche se poi definirà il proprio atteggiamento quello di un'"onesta arroganza". Il paesaggio l'ha sedotto. Wright anche. Un po' meno le sue idee urbanistiche. Tanto che il mutuo affetto e rispetto tra il gigante (in tutti i sensi) americano e il giovane italiano, tra il maestro dell'architettura organica e l'irrequieto discepolo, non impediscono alla collaborazione di finire bruscamente.

Lo scontro non aveva niente a che fare con le personalità e tutto con l'ideologia. Wright (per semplificare) sognava in orizzontale, la Broadacre City, una città a bassissima densità che città veramente non era e non doveva essere, un incrocio tra città e campagna, degenerata, come la storia dell'urbanistica insegna, nella grande distesa dell'"urban sprawl", dei sobborghi, di una casa e un giardino per tutti: da una parte le città, per lavorare, e dall'altra la Suburbialand, quella contro cui si accanisce il cinema di questi anni, che ben ha visto i devastanti effetti sociali di questo iato tra le due metà della vita, per tornare a casa la sera. Wright, con tutta la sua lungimiranza, non metteva in conto le conseguenze che ben conosciamo adesso: il territorio occupato dalle costruzioni, l'inferno del "commuting", i centri urbani spopolati di notte (o po-

polati dai meno fortunati), la proliferazione forzata della motorizzazione, e il cancro che Mies van der Rohe chiamava con un gioco di parole "the Colossus of Roads", il colosso delle strade.

Soleri cominciava allora a pensare (e pensa ancora adesso) verticalmente: sognava e sogna una città concentrata, pedonale, all'insegna del risparmio, non molto diversa dalle città medievali italiane, dove abitazioni, luoghi di lavoro, servizi, scuole, divertimento, generazioni diverse condividessero lo stesso spazio, dove l'automobile non avesse diritto di cittadinanza, che lasciasse intatto il paesaggio. Il conflitto era insanabile. Ci fu forse qualche altro problema? Il progetto di un ponte avveniristico e meraviglioso disegnato da Soleri per il Moma di New York – si chiamava *the Beast*, ed era una specie di guscio che abbracciava le corsie delle macchina con un'invenzione estetica tanto travolgente quanto forse funzionale – attira molta, troppa attenzione. Soleri comincia anche a pensare di creare una comunità di vita e di lavoro come quella di Taliesin West in Italia, e un gruppetto di allievi di Wright sembra interessato a seguirlo.

Gelosia? Sensazione che il giovane Soleri lavorasse contro? Nel settembre 1948 il Grande chiede più o meno all'Allievo di lasciare Taliesin. Si separarono con affetto – tanto che Wright lasciò scritta la richiesta che a portare il suo feretro, il giorno della sua morte, fosse, tra gli altri prescelti, anche Paolo Soleri. Ma di qui ebbe inizio una storia diversa, in cui l'architettura e la vita si sono intrecciate strettamente.

In effetti il primo progetto realizzato di Paolo Soleri ha segnato anche sentimentalmente la sua vita. Si trattava di costruire la casa per una signora di Cave Creek, Arizona, che voleva trasferirsi a vivere nei cinque acri di terreno acquistati nel deserto, sulle falde di un colle che si chiama Camelback. I soldi non erano tanti – e per questa ragione la signora aveva rinunciato a rivolgersi a Wright, che pure molto ammirava. Forse lo stesso Wright suggerì Soleri? In ogni caso Soleri disegnò il progetto assieme all'amico Mark Mills, un altro dei transfughi nel deserto, già frequentatore di Taliesin.

Cominciava a delinearsi la sua estetica – e la sua etica. La casa – la Dome House, così chiamata dalla cupola di vetro che la caratterizza, quella attraverso cui la committente ogni sera poteva vedere le lucenti stelle dell'Arizona – si ispirava un po' alla cultura indiana dei navajo, un po' all'opera di un altro grande teorico e visionario dell'epoca, Buckminster Fuller, con un risultato assolutamente libero e originale, e venne costruita avventurosamente, con elementi di recupero acquistati "al mercato delle cianfrusaglie", totalmente immersa nella natura del deserto. Pochi mesi dopo Soleri sposava Colly Wood, la figlia della sua committente. Un matrimonio destinato a durare tutta la vita, fino alla scomparsa di Colly, dieci anni fa. Il Colly Soleri Music Center di Arcosanti è dedicato alla sua memoria, ed è una delle tante piccole meraviglie di Arcosanti, che fornisce musica, balletti, incontri ad alto livello sotto il cielo dell'Arizona.

Ma prima che cominci la storia di Cosanti e poi di Arcosanti (i nomi li spiegheremo poi), bisogna registrare un ritorno in patria. Soleri, che stava percorrendo l'Italia su una "casa mobile" (vulgo "pulmino") attrezzato per viverci in quattro, venne incaricato da Vincenzo Solimene di disegnare una fabbrica di ceramiche a Vietri per l'azienda di famiglia. Soleri ne fece una straordinaria struttura di poetica funzionalità. Qualcuno la definisce ora, per le sue caratteristiche architettoniche, una piccola "arcologia", e cioè quel misto di ecologia e di architettura che impronta il lavoro di Soleri e che è diventato il suo marchio di fabbrica: a chi, come la scrivente, è meno dentro il linguaggio architettonico-filosofico di Soleri, la fabbrica Solimene sembra una reinterpretazione funzionale e industriale del parco Guell o una geniale anticipazione dell'architettura inventata di Frank Gehry, con le sette torri della facciata strombate verso l'alto e formate da elementi di ceramica che annunciano il lavoro svolto all'interno (le ceramiche, appunto), con la struttura funzionale e umanistica insieme di una spirale che accompagna il lavoro e il visitatore verso l'alto. Un capolavoro sorprendente. Per progettare la fabbrica Solimene, Soleri, nella cui visione la vita e l'architettura si intrecciano sempre, imparò anche, così si racconta, a lavorare la ceramica. Non uno sfizio intellettuale, ma una cosa importante nella sua vita, come si vedrà. Arcosanti vive economicamente (anche e soprattutto) delle sue famose campane di ceramica e bronzo, realizzate secondo la tecnica appresa in quegli anni lontani.

Nel 1956, il richiamo dell'America si fece però sentire e Soleri tornò in Arizona, per stabilirsi con Colly e le loro due bambine a Paradise Valley, non lontano da Taliesin West, su un piccolo appezzamento di terra – cinque acri – pieno di cactus, alberi di palo verde e (adesso) olivi, che producono anche una qualità non disprezzabile di olio extravergine venduto alla bottega di Arcosanti. E a Paradise Valley Soleri cominciò a mettere insieme il suo mondo ideale, un villaggio fatto di capanne di terra – o di "adobe", come si dice nel linguaggio dei nativi da cui la tecnica è stata presa – dalle cupole semisferiche, di terrazzamenti, di cortili, ispirati all'architettura degli indiani hopi.

In realtà non si tratta affatto di adobe, anche se il risultato gli assomiglia. La tecnica soleriana per costruire le cupole, complessa e semplicissima al tempo stesso, era quella di fare delle gettate di cemento su dei cumuli di terra, il "silt", sabbia e terriccio finissimi e compattati su cui erano state dipinte le decorazioni. Il cemento assorbe così colori, decorazioni e una parte del terriccio che, pur spazzolato via, lascia sul cemento le sue tracce, dandogli un aspetto "organico". Per guadagnare e mantenere la piccola comunità (oltre a Colly e alle bambine cominciavano ad arrivare gli studenti, gli aiutanti, e – forse consapevolmente forse no – si stava insomma creando una "scuola" non molto diversa da Taliesin West) Soleri, in una fornace, cominciò a realizzare le ormai famose "Soleri Windbells", le campane di ceramica e di bronzo, il souvenir colto dell'Arizona, che si trovano, belle grandi, perfino nella collezione del papa, ma che si possono comprare anche a prezzi modesti e in modeste dimensioni, e che rappresentano adesso una delle fonti principali di finanziamento dell'avventura di Arcosanti.

Erano le prove generali dell'utopia – o almeno di un modo alternativo di vivere. Basterebbe il nome. Cosanti, come si può immaginare dalle idee esoteriche ma laiche del suo fondatore, non ha niente a che fare con i santi, ma con le "cose" cui Soleri si oppone, e con "anti". Anti, contro: contro il materialismo, lo spreco, il consumismo, la devastazione dell'ambiente. Nel 1962, il villaggio soleriano che assomigliava sempre più a un villaggio hopi divenne ufficialmente la Cosanti Foundation, per lo sviluppo del pensiero filosofico, educativo, urbanistico di Soleri. Per percorrere agevolmente e sinteticamente questo pensiero si può consultare, oltre alle opere maggiori, un libretto pubblicato la prima volta nel 1983 e continuamente ristampato, *Arcosanti, An urban laboratory?*, che in sessantatré capitoletti, quasi un catechismo laico con le domande e le obiezioni, riassume la visione soleriana sull'architettura, l'urbanistica e non solo.

Vi si parla così dei vantaggi dell'affollamento contro la dispersione, di come legiferare in materia di trasporti (basta non fare strade, le automobili non potranno certo circolare) e di zonizzazione ("mescolando le zone per vivere, per apprendere e per lavorare Arcosanti evita i cattivi effetti della zonizzazione"), della "scala umana" del progetto, di come ad Arcosanti si ristabiliscano le relazioni tra le diverse generazioni, e di quello che è alla base della filosofia di Soleri: il paradigma "complessità-miniaturizzazione-durata". Dice il paradigma che "dato un ugual numero di persone, dato un ugual quantitativo di spazio-tempo, di risorse, di investimento e di forza-lavoro, Arcosanti produrrà più ricchezza sociale, culturale, mentale, estetica e ambientale... un movimento verso lo spirito".

Ma se il lavoro di Soleri in quegli anni è stato soprattutto teorico, questo non ha impedito che i riconoscimenti arrivassero: come la medaglia d'oro dell'Institute of Architects nel 1962. O come il fatto che nel 1969 la Mit Press pubblicasse un suo ponderoso (e ora preziosissimo, nonostante una recente riedizione) volume, *Arcology: The City in the Image of Man*.

Poi, atto secondo, nel 1970 – siamo negli anni caldi dell'immaginazione al potere – Soleri comprò per trecentomila dollari i quattromila acri di terra su cui sarebbe sorta Arcosanti, tutti i suoi risparmi – e senza un mutuo, come tiene a precisare lui e come scrive, con molto humour, Peter Blake, un critico di architettura: "È un progetto audace che richiede molto sostegno. Ma è, per quel che ne so, l'unica città attualmente progettata negli Stati Uniti che è cominciata con un'idea visionaria veramente forte piuttosto che con un mutuo".

Torniamo per un attimo ai nomi. Cos'è l'Arcology? È l'architettura sposata con l'ecologia – e notate per piacere la lungimiranza visionaria di Soleri, visto che, fino al 1970, di ecologia quasi non si sentiva parlare, finché l'idea non venne lanciata da Richard Nixon con propositi (forse) diversivi. Per usare le parole di Soleri, si era messo in moto "an aesthetocompassionate movement", un movimento "esteticocompassionato".

Ma se Cosanti era ed è una piccola intrapresa artistica, Arcosanti è una cosa più grossa – o che tale doveva diventare.

Il progetto originale prevede lo sviluppo di una città "verticale" destinata a ospitare sei o settemila residenti. Una città autonoma e autosufficiente, non inquinante, che trae la sua energia dal sole di cui qui, sulla mesa, come può sperimentare qualsiasi visitatore, c'è abbondanza, e le sue difese contro gli eccessi del caldo e del freddo dalle strutture architettoniche studiate e disposte in modo da proteggere gli interni dagli eccessi del clima. Una città dove il luogo di lavoro e le abitazioni non siano più lontane di dieci minuti a piedi, dove gli edifici siano polifunzionali (lo studio per fare le ceramiche è anche un anfiteatro per rappresentazioni, il calore della fornace per le campane serve da riscaldamento per gli appartamenti sovrastanti), dove non sono previsti sprechi, dove la vita in comune rende anche i rapporti più ugualitari. Una città di quindici acri edificati su un terreno di ottocentosessanta acri di deserto, a milletrecento piedi di altezza, con edifici di venticinque piani. Dove le macchine sono dimenticate e usate solo per i viaggi fuori città. Dove tutti abitano in moduli di dimensioni simili e commisurate alle necessità familiari – mediamente, sessanta metri quadrati. Dove ci sono grandi spazi per uso comune, dove le persone e le generazioni si incontrano. Il costo, tre miliardi di dollari.

Le cose, nel passaggio dall'idea alla sua realizzazione, non sono andate esattamente così. A trent'anni da quel 1970 in cui, in un clima da figli dei fiori, venne posata la prima pietra di Arcosanti, solo il 3% della città è stato completato – ma francamente non si sa se dolersi del fatto che le cose per ora siano ferme a questo punto. Il progetto finale, come lo si può vedere attraverso un plastico in mostra alla Cosanti Foundation, è affascinante ma inquietante, come una stazione spaziale sulla Luna o un gigantesco lego postmoderno, collegato dal ricorrente motivo del cerchio o del semicerchio iscritto dentro un quadrato, dalle absidi, dal cemento rivisitato secondo i suggerimenti dei colori della mesa e delle culture indiane locali.

Arcosanti com'è ora, a un trentesimo del suo sviluppo, ha invece la bellezza malinconica dei grandi progetti che invecchiano prima ancora di essere cresciuti, le nobili rughe e le crepe delle belle idee che sono lì ad aspettare che si compia il loro destino e intanto perdono la loro freschezza fisica. Dopo un primo momento di entusiasmo e donazioni che hanno portato Arcosanti alle sue dimensioni attuali, i soldi hanno cominciato ad arrivare col contagocce – forse perché, come osservò a suo tempo Soleri, la sua idea "è contraria al sogno americano?". Per fare il prossimo passo, e portare la città a contenere 500 abitanti, sarebbero necessari 250 milioni di dollari. Mentre ora, esaurita la prima ondata dei finanziamenti, l'impresa si finanzia con l'attività di conferenziere di Paolo Soleri, con i soldi che lasciano i visitatori (sessantamila all'anno), con gli incassi dovuti alle campane. Si calcola che il tutto porti due milioni di dollari l'anno, i quali, pagati stipendi e tasse, lasciano circa duecentomila dollari per le costruzioni. Non molto, certo. Ma gli arcosantiani non si scoraggiano, anche perché di tanto in tanto, come durante le crisi petrolifere, l'interesse per la soluzione arcologica di Soleri cresce. Anzi, nell'idea di Paolo – come lo chiamano tutti qui – ci credono sempre di più. E non solo loro, se è vero, come racconta Mary Hoadley, la factotum di Arcosanti, l'anima attiva dell'utopia, che mentre all'inizio Soleri veniva considerato "quel pazzo nel deserto", ora lo stato dell'Arizona, dopo aver concesso ad Arcosanti il titolo non si sa quanto lusinghiero di Sito ufficiale turistico dell'Arizona, comincia a sostenerlo, anche di fronte al sempre più drammatico problema dei suburbia, che fa di Arcosanti un laboratorio ogni giorno più importante.

Chi sono gli arcosantiani? Da dove provengono? Prendiamone tre a caso – e il fatto che si tratti di tre donne dice solo che il genere femminile è più generoso di esternazioni, tranci di biografia, confidenze personali.

Ruth-Claire, per esempio, che è entrata nel clan dai tempi di Cosanti, nel 1962, e adesso ha probabilmente sessantacinque anni, è approdata a Paradise Valley, a Cosanti – e di lì sulla mesa di Arcosanti – quando aveva diciotto anni, era studentessa di "humanities" e si interessava soprattutto di cattedrali gotiche e di abitazioni indiane e africane. Arrivò in Arizona per andare a trovare un amico che aveva abbandonato la scuola di architettura di Cornell, deciso a lavorare sul campo con Soleri. In una lettera che mi ha mandato, si descrive al suo arrivo a Cosanti, "la scultura abitabile", come "un navajo di ritorno dalla guerra che cammini di nuovo in mezzo alla bellezza". La bellezza era – ed è – il paesaggio del minivillaggio di Cosanti, con le sue volte di terra dipinte, le campane che suonano allo spirare del vento, gli ulivi piantati da Soleri in un attacco di nostalgia per il paesaggio italiano che amava.

Sedotta dal posto e dallo stile di vita, Ruth-Claire è rimasta. Sveglia all'alba (di solito, con un'esplosione di musica wagneriana) e via dentro il North Studio, una delle tante strutture di terra di Cosanti, dove un gruppetto di assistenti lavorava alla preparazione di modellini "arcologici" di ponti e dighe. Non sentendosi particolarmente tagliata per il compito, Ruth-Claire si fece spostare da Paolo ad altri incarichi: potare gli ulivi, babysitterare le due bambine Soleri, fare qualche lavoro di segreteria, lavorare l'argilla per le campane, preparare l'impasto per il pane della comunità che (annota lei nella lettera) viveva di un budget così risicato da dare i crampi a un povero.

Dopo quel primo soggiorno, Ruth-Claire ha fatto molte altre cose, l'architettura se l'è lasciata alle spalle, si è occupata di teatro, ha avuto una vita difficile e avventurosa. Ma ad Arcosanti torna sempre, soprattutto a giugno, quando ricorre il compleanno di Soleri, festeggiato alla grande, in stile arcosantesco, con una gigantesca pastasciutta per trecento ospiti (paganti, per la causa) cucinata e servita dallo stesso Paolo in una carriola da muratore diligentemente rivestita di stagnola, sotto le volte dipinte dell'arco maggiore.

Chiara Romano Van Erp, torinese, figlia di architetto, è invece arrivata direttamente ad Arcosanti nel 1977, spinta, racconta, dal desiderio di imparare qualcosa di più di quello che le aveva insegnato la scuola di architettura di Torino. Di Soleri si parlava molto in quegli anni, non solo sulle riviste di architettura, ma anche sui settimanali, che scoprivano molto attuale e interessante il suo approccio ai sistemi di energia alternativi e ai problemi dell'habitat umano. Arcosanti l'ha affascinata, l'ha affascinata la filosofia di Soleri. Ed è rimasta come apprendista, imparando a pensare in maniera diversa l'architettura, ma anche e soprattutto a fare cose con le mani. Soleri si fa un vanto del fatto che Arcosanti è stata costruita con il lavoro di chi ci abita. E Chiara Romano ha fatto il muratore e il falegname (reparto seggiole): con fatica, certo, e con molto piacere. "Eravamo sì nel deserto, ma sembrava di essere in cima al mondo. O in una vastissima metropoli, per il tipo di scambi culturali di cui si aveva opportunità. 'La città dalle mille menti' auspicata da Soleri esiste già in nuce." Nel breve periodo del suo soggiorno, Chiara ricorda la presenza di un pastore protestante di New York, di un giovane diplomatico brasiliano, di un architetto parigino, di un ingegnere del Politecnico della California che ogni anno porta ad Arcosanti i suoi studenti per un workshop, di uno scienziato della Nasa, di un principe arabo, di uno studente svedese di architettura, di un ingegnere di San Francisco.

Ora Chiara vive a Providence, nel Rhode Island, con un marito architetto e un bambino che si chiama Paolo, disegna tappeti, ritorna con marito e figlio ogni anno ad Arcosanti e si ribella alla definizione di Arcosanti come utopia. "Se c'è un utopista, al contrario, è Frank Lloyd Wright. Non è possibile costruire alla sua maniera per una popolazione mondiale di 6 miliardi di abitanti in crescita esponenziale." Cita Soleri: "L'espansione suburbana, specialmente quella del suburb americano, è il luogo 'dove un'arcadica nostalgia per la semplicità si traduce in uno squallore mentale e sociale quasi oscurantistico'". E respinge l'obiezione che più comunemente viene fatta a Soleri, quella di proporre una città formicaio. "La città 'formicaio impazzito' è proprio la metropoli odierna, quella che Soleri chiama 'un organismo piatto e smembrato'." Ammette che non è facilmente comprensibile a tutti la teoria di Soleri della densità-complessità-miniaturizzazione di qualsiasi fenomeno vivente, e quindi a maggior ragione della città – e suggerisce che sarebbe bene conoscere l'opera di Teilhard de Chardin per capire le teorie soleriane (ma basta intanto dire che miniaturizzare la città a una scala umana consente di conservare la terra, l'energia e altre risorse). È anche sicura che la non-utopia, l'ongoing experiment, il permanente laboratorio di Arcosanti è uno degli esperimenti più interessanti del secolo.

E poi c'è Mary Hoadley, detta anche l'anima di Arcosanti. La sua storia è ancora diversa – la storia di una dedizione assoluta alla causa. Mary, aristocratica Wasp, faccia cotta dal sole e capelli che forse un tempo erano biondi e ora sono così chiari da essere bianchi, era una delle tante belle ragazze di sinistra, politicamente molto attiva, che studiavano nella prestigiosa Università di Stanford (antropologia), poi a Firenze. È venuta qui prima che cominciasse lo scavo di Arcosanti per vedere un suo uomo, scoprendo l'incarnazione del suo sogno, "una piccola città italiana trasportata nel futuro". Ha lasciato l'uomo, ne ha preso un altro e non se ne è andata più.

Mary è ora la Site Coordinator, in altre parole quella che sa tutto su Arcosanti, che risolve ogni problema pratico e organizzativo, e sembra dotata del dono dell'ubiquità – per come riesce ad essere ovunque. Ha una figlia di diciassette anni che si chiama Katherine, e che è stata la prima arcosantiana di seconda generazione e va a scuola a Cordes Junction. È sposata con il Primary Instructor dei laboratori di Arcosanti e ha una risposta per tutto. È vero, le obietto per esempio, è tutto bellissimo. Ma non vi pare che la mancanza di ascensori sia una limitazione per quando sarete vecchi? Non ha un attimo di esitazione: per allora avremo trovato i soldi e costruito tutti gli ascensori e le scale mobili necessarie. Inutile obiettare che almeno Soleri avrebbe già l'età per un ascensore: quello corre felice su e giù per le scale, dando un ottimo – pessimo – esempio all'insegna dell'ottimismo.

Chi voglia fare l'esperienza di Arcosanti non ha che da iscriversi a uno degli Arcosanti Workshop Programs. Ce ne sono dieci all'anno. E durano cinque settimane, al moderato costo di ottocento dollari. Secondo la definizione stessa che ne dà il dépliant esplicativo, le sistemazioni sono spartane: e lo sono certamente, visto come sono spartane le semplicissime "foresterie" in cui vengono alloggiati gli ospiti paganti – due lettini, una mensola per scrivere, un asmatico ventilatore ma, in compenso, il soffitto dipinto a bizzarre geometrie di ispirazione indiana per guardarlo mentre ci si addormenta.

Si comincia con un seminario teorico, aperto a tutti, studenti e ottuagenari, architetti ed educatori – e chi vuole può seguire anche solo questo (per quattrocento dollari). Per le restanti settimane si lavora, "hands on", con le mani. Praticamente, si manda avanti la costruzione della città e si studiano le idee di Soleri.

Per una settimana si può anche semplicemente imparare a lavorare la creta e il bronzo e a fare modelli architettonici. Oppure si può venire qui a studiare metodi di agricoltura alternativa. Oppure c'è il corso avanzato in Cyber-Arcology in cui si insegna ai "cybrarians", come si chiamano gli esperti della materia, come conciliare cybercultura e arcologia. L'ultimo Renaissance Man ha una risposta anche per questo, pur essendo un tecnoscettico, come lo definiscono in America, e quindi timoroso che la cybercultura finisca per creare un "eremitaggio globale", una solitudine globale. E comunque, per quanto fuori dalle istituzioni, Arcosanti genera "credits": ci sono cento università degli Stati Uniti disposte a riconoscere come credito universitario i giorni di lavoro passati sotto la direzione di Soleri. Sono oltre seimila gli studenti venuti a lavorare come degli allegri forzati sotto il sole dell'Arizona. Come ai tempi pioneristici di Ruth, ci si sveglia alle cinque e mezzo, si lavora dalle sei e mezza alle undici e trenta, si mangia tutti insieme sotto la Grande Volta che, un giorno completata la costruzione di Arcosanti, dovrebbe diventare la porta della città, e poi, dalle tre, libertà di associazione e di discussione, passeggiate nel deserto o tuffi nella sorprendente piscina in stile quasi hollywoodiano che si spalanca azzurrissima tra il color polvere della mesa. Finite le cinque settimane, gli studenti – una media di centoventicinque all'anno – si spargono ai quattro venti, e con loro le idee di Soleri. È il caso di Reginald Todd Wilson, un bel giovanotto di colore che è stato qui come studente e lavora adesso al piano regolatore di Richmond, in Virginia. Non mi dica che ascoltano le idee di Soleri, da quelle parti. "No, sono io che porto dentro i piani regolatori il correttivo delle sue idee." O come Monique, una bella peruviana che dopo aver studiato con Soleri si occupa adesso del Redevelopment Plan di Scottsdale – e avrà il suo bel da fare in un'area che è il trionfo dell'"urban sprawl".

Ma non si vive di solo volontariato. E si può aderire all'idea della città del sole e aver bisogno di pagarsi le sigarette. Così, i compensi e i costi ad Arcosanti sono stati calcolati in maniera spartana. Ventisette dollari e cinquanta alla settimana per l'affitto di un miniappartamento con vista sulla mesa che ciascuno può sbizzarrirsi ad arredare come preferisce – magari in stile House and Gardens, con chintz e fiocchi, come ha fatto una deliziosa vecchia signora ex contabile dell'associazione, che ora passa i giorni della pensione ad Arcosanti. E sono equilibrati in proporzione (anche se minimi per il mondo esterno) i salari, che partono da cinque dollari all'ora.

Lui, Paolo, intanto continua a lavorare, indifferente ai riconoscimenti e agli onori come il Leone d'oro per l'architettura (forse perché pensa che gli allori siano arrivati troppo tardi?). Se in molti possono preferire che la sua città si sia fermata al livello in cui è ora, e che rende Arcosanti bellissima, la fantasia e l'ambizione visionaria del guru Soleri si sono esercitate e continuano a esercitarsi su progetti inquietanti e per certi versi minacciosi come Hexahedron, una piramide di cristallo, Novanoah, la città del mare, e adesso Paradox, la città cibernetica. In braghette corte, correndo su e giù per le scale, scalette, vialetti della sua "follia" (nel senso in cui erano "follie" i castelli di Ludovico di Baviera, incarnazioni di un'idea e di un sogno) Soleri ha l'aria di non prender sul serio il clima di adorazione che vede in lui un guru, la comunità che lo adora, gli allievi che ritornano, tutto teso com'è verso un futuro che continua a elaborare, a immaginare, a combattere con le sue armi. "Non disegno città. Metto giù idee che in qualche modo aprano una prospettiva diversa su quello che riguarda la città o che la città può diventare." Arcosanti, con Cosanti e la sua realtà realizzata, è un modello, una proposta, una provocazione, un'utopia con molte rughe – e insieme una realtà fatta di gente che da quei mesi e quegli anni con Soleri ha imparato, comunque, a guardare il reale e il possibile in maniera non convenzionale, a non accettare come scontata la cultura della grande città e dei sobborghi, dei vecchi e dei giovani, dei poveri e dei ricchi, e a sognare, secondo l'insegnamento del vecchio maestro, una comunità di umanità.

6.

Costa Rica

Don Pepe e Henrietta Boggs

"Welcome in the garden of peace and democracy," benvenuti nel giardino della pace e della democrazia. La Costa Rica, oltre che con la bellezza dei suoi alberi e delle sue montagne, delle sue acque e delle sue nuvole (tante, rocciose, che si installano sui picchi e rovesciano acqua, quella che rende le foglie così lucide, il verde così splendente), accoglie così il visitatore. Il giardino della pace e della democrazia è grande (o piccolo, a seconda dei punti di vista) come la Svizzera, confina a nord con il Nicaragua, a sud con Panama, si estende tra due oceani, o meglio tra il Mar Caribico e l'Oceano Pacifico, e può vantarsi di essere un caso da Guinness dei primati. Il primo stato del mondo senza esercito. Il primo stato latinoamericano di totale e comprovata democrazia. Il primo stato latinoamericano, assieme a Cuba, in termini di alfabetizzazione (altissima, oltre il 94%). Il primo stato al mondo ad aver coinvolto un altro stato, notoriamente turbolento e con tendenza alla belligeranza, in un progetto di pace duratura...

L'utopia realizzata della Costa Rica si chiama pace. E dietro questa utopia ci sono due uomini. Uno che l'ha inventata (in un certo senso, come si vedrà, in base alla massima latina "si vis pacem para bellum", almeno per un po'). L'altro che è puramente e semplicemente un cultore della pace senza condizioni. Cominciamo dal primo, dall'iniziatore, dall'eroe nazionale, da don Pepe Figueres. Anzi, prima di arrivare al nostro don Pepe facciamo, come si usa, un passo indietro di qualche secolo per orizzontarci.

Non che sia facile. Del passato precolombiano della Costa Rica non si sa molto. Nei giardini, nei parchi e nel Museo di San José – che solo con un grande ottimismo potrebbe essere definita una bella città, ma poco importa, nessuno è perfetto, neanche il paese più pacifico del mondo, e quindi c'è sì qualche bel palazzo spagnolesco, qualche bel giardino, ma la città è disordinata, ci sono tanti tetti di lamiera, molte costruzioni abborracciate – si possono vedere le strane sfere di granito, alcune, dice una celebre guida, "alte come un essere umano, altre come un pompelmo", che rappresentano il lascito più importante delle culture indiane alla Costa Rica contemporanea, assieme ai mirabolanti oggetti in oro dell'epoca precolombiana conservati al Museo dell'oro.

Culture, quelle della Costa Rica precolombiana, abbastanza misteriose: e se non si sa molto oggi degli indiani con cui gli spagnoli ebbero a che fare al loro arrivo sulle spiagge della Costa Rica è perché questi indiani sparirono sulle montagne e nelle foreste senza combattere. Tanto che all'orgoglioso termine di "conquista" usato per il resto dell'America Latina, qui si preferì parlare di "insediamento". I poveri indiani, probabilmente, morirono soprattutto delle malattie portate dai conquistatori. Ma non solo. Per la precisione storica, qui sbarcò, nel corso del suo quarto e ultimo viaggio verso le Americhe, Cristoforo Colombo in persona, il 18 settembre 1502. Fu accolto con la consueta gentilezza dagli indigeni, belli, gentili, che portavano, a quanto si racconta, degli amuleti d'oro. Colombo si convinse che il paese doveva avere delle ricchezze straordinarie. Da qui il nome Costa Rica. Da qui il fatto che, dopo le due settimane trascorse da Colombo sulle spiagge di quello che sarebbe diventato nel Ventesimo secolo un paradiso turistico ed ecologico, gli spagnoli nel 1506 ritornarono in forze, convinti della ricchezza della regione.

Ma si sbagliavano. E questa volta gli indiani furono un po' meno cordiali e respinsero gli invasori, con la tecnica di ritirarsi nelle loro foreste e la complicità delle malattie tropicali che aggredirono senza pietà i conquistadores. Una terza spedizione portò in Spagna molto oro, ma senza che i conquistatori fossero riusciti a fondare una colonia permanente. Fu solo nel 1562 che Juan Vasquez de Coronado decise che, anziché farsela con le malattie della costa, era più saggio spostare il centro del dominio spagnolo sugli altipiani centrali, molto più salubri oltre che bellissimi. Nel 1563, venne così fondata Cartago. Dicono gli storici che siccome c'erano pochi indiani in circolazione (perché erano pochi in generale, perché non avevano insediamenti importanti sugli altipiani, o perché nel frattempo erano stati decimati da quell'antica specie di guerra batteriologica che erano le malattie portate dagli europei nella loro conquista del Nuovo mondo), gli spagnoli dovettero imparare a lavorare manualmente loro stessi, e non si produsse quel tipico processo di meticciaggio che si stava sviluppando intanto nelle altre zone dell'America spagnola. E proprio perché era in alto, sugli altipiani, e non facilmente accessibile sulla costa, e non c'erano miniere, si era scoperto, e quindi c'erano poche tasse da esigere, in un certo senso la provincia di Cartago, al contrario dei regni costruiti sui ricchi imperi degli Inca e degli Aztechi, venne dimenticata e abbandonata a se stessa, isolata com'era sulla Meseta Central dalle principali correnti di traffico dei territori della Conquista. I "ticos" (così si chiameranno i costaricani, per una loro propensione ai diminutivi) lavoravano sodo, coltivavano cacao e tabacco e siccome nessuno era molto ricco, gli storici sostengono che cominciò a svilupparsi un'idea di democrazia, e certo l'interesse per la cosa pubblica.

La vita non era facile. Le malattie imperversavano. L'unica risorsa era l'agricoltura. Nel 1723, il vulcano Irazù distrusse Cartago. I coloni si rimisero al lavoro. Ma la Costa Rica, a dispetto del nome, rimaneva una delle colonie più povere. Soprattutto, senza contatti. Tanto che quando il 15 settembre 1821 l'America centrale, sotto la spinta dell'azione rivoluzionaria di Simon Bolívar, divenne indipendente, come quei giapponesi che dopo la fine della guerra mondiale continuarono a combattere un invisibile nemico nelle isolette del Pacifico, in Costa Rica si accorsero della cosa solo un mese dopo. Per un po' la Costa Rica si associò all'Impero messicano (che non durò a lungo), poi si legò ad altri cinque paesi creando le Province unite dell'America centrale. Poi, nel 1838, scelse di far parte per se stessa.

Poco prima dell'Indipendenza (nel 1808) si era intanto disegnato il destino costaricano: era arrivato il caffè, importato da Cuba ed esportato in gran parte verso l'Inghilterra. E il caffè cominciò a produrre ricchezza e ricchi –

quella classe che in Costa Rica non era mai esistita. Era un ricco coltivatore di caffè il presidente nel 1855, quando si verificò un evento molto curioso (che, stravolto nella verità storica, ispirò nel 1968 anche un film di Gillo Pontecorvo scritto da Franco Solinas, *Queimada*).

Nel 1855, dunque, un avventuriero statunitense di nome William Walker (proprio come si chiamerà il protagonista di *Queimada* interpretato da Marlon Brando, che però nel film è inglese ed è un agente provocatore in un'isola caraibica) sbarcò in Nicaragua con l'intenzione di assoggettare l'America centrale, reintrodurre la schiavitù e usare gli schiavi per scavare attraverso il Nicaragua (riconosciamogli un'immaginazione degna di Fitzcarraldo) un canale per collegare il Caribe e l'Atlantico al Pacifico: ma anche – piano B – per trovare il passaggio più breve e indolore tra i due oceani, onde poter trasportare facilmente e senza danni e perdite, gli schiavi africani direttamente dall'America centrale al West americano.

Dopo aver sconfitto i nicaraguesi ed essersi autonominato "re del Nicaragua", Walker entrò in Costa Rica senza trovare resistenza. Per la buona ragione che la Costa Rica (e qui torniamo al punto di partenza) non aveva esercito. Il presidente Mora però raccolse novemila uomini – soprattutto campesinos – e, in una memorabile battaglia durata solo quattordici minuti, nella zona di Santa Rosa, dove c'è adesso un bellissimo parco nazionale, sconfisse Walker e lo costrinse a ritirarsi in Nicaragua. Walker, indomito, riprovò alcune volte ad assoggettare l'America centrale, e alla fine fu sconfitto definitivamente e ucciso in Honduras – per ironia lo stesso anno, il 1860, in cui fu deposto anche il presidente Mora, dopo un fallito golpe.

Ma la marcia verso una pacifica democrazia della Costa Rica continuava. Nel 1871, venne adottata una costituzione che prevedeva la tolleranza religiosa, nel 1886 il Parlamento votò l'istruzione pubblica e gratuita, nel 1889 ci furono le prime elezioni democratiche, in cui i ricchi coloni del caffè e i campesinos votarono fianco a fianco, mentre (ma non scandalizziamoci, visto quello che accadeva nel resto del mondo) le donne e i neri erano ancora esclusi dal diritto di voto.

Da quella volta la democrazia è diventata il carattere speciale della Costa Rica, salvo minori incidenti (due anni di dittatura, tra il 1917 e il 1919, del ministro della Guerra, Federico Tinoco, cacciato dall'opposizione costaricana e, una volta tanto, dagli Stati Uniti, schierati dalla parte della democrazia). Ci furono incidenti con il Nicaragua, il cui confine ha sempre rappresentato un problema, e con Panama.

E qui torniamo ai tempi nostri, o per dir meglio, ai tempi del nostro eroe Pepe Figueres, e la storia si fa complicata.

Accadde dunque che nel 1940 venisse eletto presidente Rafael Angel Calderón Guardia. Un riformista, all'inizio del suo mandato. Alleato sia ai cattolici sia ai comunisti in un precoce esperimento di compromesso storico (il suo gruppo si chiamerà Cristiano socialista unito), Calderón Guardia promosse un'azione legislativa che regolava i diritti dei lavoratori, fissava i salari minimi, e creava nel 1941 una forma di previdenza sociale, la Caja Costarricense de Seguro Social, ancora oggi operativa. E se da una parte, con una notevole apertura intellettuale, fu il fondatore dell'Università della Costa Rica, dall'altra Calderón decise di abrogare le leggi anticlericali del 1884, con ciò, ovviamente, conciliandosi le simpatie della chiesa ma minando il tradizionale laicismo costaricano.

Quattro anni dopo, allo scadere del suo mandato, gli successe un altro cristiano socialista, Teodoro Picado. Ma, come capita spesso quando un gruppo si attesta al potere, l'atteggiamento dei cristiano socialisti cominciò a cambiare, il sospetto di corruzione si fece più forte e il consenso prese ad affievolirsi. Nel 1944, l'opposizione denunciò senza effetto alcuno il risultato delle elezioni che avevano portato alla presidenza Teodoro Picado, un seguace di Calderón, sostenendo che c'erano stati dei brogli elettorali. Quattro anni più tardi, nel 1948, quando lo stesso Calderón si presentò nuovamente, questa volta contro Otilio Ulate Blanco, Ulate vinse le elezioni, ma Calderón denunciò degli ipotetici brogli elettorali che avrebbero portato il rivale alla vittoria.

Qualcuno sostiene che la pressione a denunciare le elezioni in questo senso provenisse da elementi comunisti. In ogni caso Teodoro Picado, che continuava a essere politicamente vicino a Calderón e che era ancora in quel momento il rappresentante del governo, decise di non riconoscere la vittoria del legittimamente neoeletto Ulate. La cosa non piacque. C'era il rischio di una guerra civile. E qui, in questo turbolento scenario elettorale così inusuale per la cultura dei "ticos", entra in scena, o meglio ritorna in scena, il nostro eroe, Pepe Figueres.

José Figueres Ferrer, detto don Pepe nonostante la giovane età (era del 1906, quindi nel 1942, all'inizio delle sue avventure politiche, aveva trentasei anni) era un signore che avrebbe potuto condurre una vita molto diversa: essere insomma un prepotente, un fannullone, un inutile riccastro, come tanti ragazzi della classe sociale cui apparteneva, e cioè la ricca borghesia costaricana.

Lui era diverso e, per riconoscimento generale, speciale. Non solo perché aveva occhi blu molto intensi e un grande carisma, ma perché aveva la capacità di sdegnarsi e di sognare, e questo anche mentre si limitava a occuparsi delle sue piantagioni di caffè in una proprietà in cima alle montagne che aveva il nome singolare e programmatico di "Lucha sin Fin", lotta senza fine. Nome che alludeva, allora, alla fatica che aveva fatto a costruirla. Lucha sin Fin si estendeva su un territorio montagnoso, a qualche ora di viaggio da San José de Costa Rica.

Al di là delle cronache e delle fonti storiche è bello sentire la storia raccontata dalla voce e dalla scrittura di Henrietta Boggs, una giovane, bella e intrepida ragazza del South Carolina, studentessa del Southern College di Birmingham, Alabama, che prima della laurea arrivò in Costa Rica, ospite dei suoi zii, per fare un'esperienza fuori dai confini del suo paese e che della Costa Rica fece l'esperienza di una vita. Già, perché la bella Henrietta conobbe don Pepe, ne rimase attratta e respinta al tempo (il giovanotto aveva, oltre che un carattere, anche un caratterino) e, per farla breve, lo sposò, fece con lui due figli e alla fine, oppressa dal caratteraccio del nostro eroe, divorziò e tornò in Alabama. Per poi raccontare con molto humour – e con il distacco di un'anglosassone finita in un mondo per lei strano anche se affascinante – la "lucha sin fin" di suo marito e di lei stessa per una Costa Rica migliore in un libro significativamente intitolato *Casada con una leyenda, Don Pepe* (Sposata con una leggenda, don Pepe): la cui copertina mostra Henrietta e Pepe a cavallo di una grande motocicletta, e le foto all'interno le tenere immagini familiari di una coppia rivoluzionaria, elegante, giovane e coraggiosa.

José Figueres, dunque, don Pepe, se ne stava sulle sue montagne e si occupava dell'azienda familiare del caffè. Ma non era un semplice coltivatore ricco. Era un imprenditore illuminato, con una solida preparazione in economia, in filosofia, in scienze politiche. Secondo la sua Henrietta si era formato a forza di Abramo Lincoln, Schopenhauer, John Locke, i grandi della rivoluzione americana, Cervantes e Shakespeare.

Se questo era l'onnivoro impasto culturale su cui Pepe si era formato, la sua rivoluzione, chiamiamola così, ebbe il punto di partenza durante la guerra, nel 1942, la sera dell'11 luglio, quando di punto in bianco don Pepe, invitato a Radio America Latina da un suo protettore e amico, il generale José Maria Pinaud, editore dell'emittente, per fare qualche commento sulla situazione costaricana, si lanciò con sorpresa di tutti in un infiammato discorso contro il presidente Calderón, allora al suo primo mandato.

Dobbiamo immaginare la scena. Il giovin signore don Pepe che entra nello studio radiofonico con il suo cappello in testa, si siede dietro il microfono, tutto ben vestito, piccolino, e tira fuori i suoi appunti. Poi comincia a parlare. Ha a disposizione mezz'ora. Parla in prima persona (o è usato come arma dal generale Pinaud)? Dalla successiva carriera di don Pepe la risposta certa è che parla per sé. Dopo un quarto d'ora di trasmissione è già successo, a seconda dei punti di vista, il disastro – o l'inizio della rivoluzione di don Pepe. Perché in quei quindici minuti il nostro eroe sfodera tutta la sua abilità dialettica per spiegare come Calderón non sia un buon presidente, e come ci voglia ben altro per il futuro della Costa Rica e dei "ticos".

Giura il suo amico Carlos Maria Jiménez, che ha ora settantanove anni e che ne aveva allora meno di trenta, che Pepe non disse nulla che la legge e la tradizione di libertà di parola della Costa Rica non consentissero. Poco importa: Calderón non la mandò giù, e dopo pochi minuti sotto la sede della radio lampeggiavano le macchine della polizia e addirittura un'ambulanza. Pepe e il suo amico Carlos Maria furono prontamente arrestati. E Pepe ebbe l'onore, prima, di essere sbattuto in cella e poi, per rispetto probabilmente allo status della famiglia Figueres, di venire spedito, con tanto di giovane moglie incinta al seguito, in esilio in Messico, con un volo speciale che partiva subito verso San Salvador.

Nell'anno che passò in Messico, al Grand Hotel, don Pepe non se ne stette con le mani in mano e, più che mai convinto delle sue posizioni, da bravo tessitore di rapporti, cominciò a lavorare a un *reseau* teso a rovesciare il governo costaricano, accusato di brogli e corruzione. Tanto per non trovarsi impreparato, cominciò anche a spedire clandestinamente in Costa Rica dei carichi di armi che viaggiavano nascosti sotto strati e strati di belle ceramiche messicane. E intanto, sempre per non trovarsi impreparato, continuava nella sua opera di sensibilizzazione politica di chi voleva ascoltarlo.

Il perdono del presidente Calderón, che non doveva avere dei grandi informatori se lo concesse, arrivò dopo due anni di esilio. Henrietta e Pepe ritornarono alla Lucha e (ci si perdoni il gioco di parole) ripresero la lotta. Anche perché l'opposizione stava crescendo in tutto il paese. A lui, nel gruppo di azione che si chiamò poi Partido Acción Demócrata, si unirono fin dal 1944 Rodrigo Facio Brenes, che era un avvocato, e Carlos Monge Alfaros, uno storico, convinti come Pepe che la Costa Rica avesse bisogno di un sistema socialista. L'opposizione cresceva.

Il progetto di fondo di Pepe, come si vedrà, era la pace. Ma prima bisognava cambiare le cose, anche con le armi. Solo che nessuno, nel gruppo di Pepe, sapeva come si combattesse, come si preparasse una rivoluzione armata, come si organizzasse la logistica, i rifornimenti, la gente. La scarsa dimestichezza costaricana con le armi era un handicap anche per i rivoluzionari della pace.

Don Pepe, dunque, cominciò con il firmare nel 1947 un accordo segreto con altri paesi dell'America Latina che gli garantivano un sostegno militare in cambio di un lavoro comune per eliminare qualsiasi forma di dittatura dalla zona. Il via all'azione venne dato dalle contestate elezioni del 1948. Da qualche mese, alla Lucha sin Fin, dove don Pepe era ritornato a occuparsi di caffè e di giustizia sociale assieme a Henrietta e ai loro due bambini, Muni (che crescendo diventerà anche ministro) e Martì, Pepe aveva cominciato ad addestrare i suoi compagni di avventura per quella che sentiva come un'inevitabile battaglia per una democrazia migliore.

Alla *finca* cominciarono ad arrivare piccoli gruppi di uomini di cui Henrietta curava la spartana sistemazione. Le armi, quelle arrivate a suo tempo nascoste sotto le ceramiche messicane e le altre raccolte grazie alle alleanze tessute da don Pepe, c'erano. Erano pronti per la battaglia.

Si potrebbe raccontare la storia semplicemente dicendo che don Pepe scese dalle sue montagne con un pugno di uomini e fece la rivoluzione. Qualcuno la chiamò guerra civile. Qualcuno che ha voglia di ridimensionare il momento più mitico della storia della Costa Rica la definisce oggi semplicemente una scaramuccia. Ma per quanto si voglia giocare di *understatement*, la "cosa" durò cinque settimane e lasciò sul campo duemila uomini. Non pochi davvero. Osserva Henrietta nelle sue memorie che "in un piccolo paese le rivoluzioni sono diverse dai grandi movimenti sociali che si producono nei grandi paesi. La dimensione più piccola influisce su tutto e fa sì che ogni decisione sia più personale, a volte dolorosa e di solito complicata dall'immediatezza del suo impatto".

E in effetti fa una certa impressione leggere nella prosa limpida e concreta della bella signora come venne organizzata alla Lucha l'ospitalità dei "rivoluzionari" (i più anziani ospitati nei magazzini, i giovani che si arrangiavano su giacigli di erbe secche, una grande cucina installata per nutrire tutta la truppa) e più tardi la cronaca minuto per minuto della rivoluzione di don Pepe: il governo che spedisce su, nelle montagne della Lucha, il Jefe del Ejército a investigare, l'annuncio di don Pepe che non tornerà né a pranzo né a cena perché la "cosa" sta per cominciare, i "soldati che non sapevano sparare" spediti da don Pepe lungo la Panamericana ad attaccare la jeep del capo dell'esercito, la morte dell'alto ufficiale, il ferimento di un altro, l'invio da parte del governo di forze per attaccare la Lucha, il ritorno dei rivoltosi verso le montagne e il villaggio di Santa María de Dota con al seguito le carrette che trasportavano il necessario per fare la guerriglia, la fuga di Henrietta su un'altra carretta, con i bambini, alla ricerca di un rifugio, visto che Pepe non la voleva – saggiamente – come compagna di battaglia, il ricatto del governo che minaccia di fucilare la donna e i bambini (che però non hanno ancora catturato) se Pepe non si arrende, la fiera e un po' crudele risposta di Pepe "che li fucilino pure", lui non si sarebbe mai arreso. E gli scontri, le scaramucce, le ritirate, i proclami, la presa di Cartago dopo quella che venne ribattezzata la

"Marcia dei fantasmi", perché si svolse attraverso una nebbia così fitta che i soldati governativi pensarono fosse stata mandata dalla Vergine Maria, ragion per cui rinunciarono a combattere contro i rivoltosi. E i primi negoziati, resi complicati (è sempre Henrietta a raccontare) dalla "logorrea latina e dal fatto che i protagonisti erano mille", dall'arcivescovo ai rappresentanti degli Stati Uniti, e la confusione enorme, anche perché il governo aveva chiesto l'intervento di Somoza, il dittatore del Nicaragua, che aveva prontamente invaso la provincia di Guanacaste.

Don Pepe voleva la resa incondizionata. La ottenne. Salvo che Picado e Calderón Guardia abbandonarono il paese portandosi dietro tutti i beni del governo su cui riuscirono a mettere le mani.

La rivoluzione costaricana aveva vinto. Don Pepe formò un governo provvisorio di diciotto mesi, impegnandosi solennemente a lasciare il potere allo scadere di questo periodo. "Le armi ci hanno dato la vittoria, ma solo le leggi ci renderanno liberi," era il suo leitmotiv. Durante i diciotto mesi del suo governo riuscì a regalare ai costaricani una costituzione democratica e moderna, grazie alla quale i neri e le donne ricevevano finalmente il diritto di voto e, a scanso di velleità dittatoriali o caudillesche, il mandato presidenziale non poteva venir rinnovato consecutivamente. Ma soprattutto, con un gesto che non aveva precedenti e che iscrive la Costa Rica, appunto, nel Guinness dei primati e nell'albo d'oro del pacifismo, don Pepe Figueres, che aveva conquistato il suo provvisorio potere con la forza delle armi, decretò per via costituzionale (e con qualche ironia) l'abolizione delle forze armate. Come sintetizza scherzosamente un amico costaricano: "Tanto, se ci attacca uno grosso, la Costa Rica è lo stesso nei guai. Se ci attacca uno piccolo, possiamo sempre chiamare in aiuto uno grosso".

Era fatta: il primo dicembre 1948 l'utopia pacifista diventava realtà. I fondi destinati alle forze armate andavano a rafforzare, soprattutto, le dotazioni della sanità e dell'istruzione, contribuendo a fare della Costa Rica quello che è oggi: uno dei paesi con il più alto tasso di alfabetismo del mondo, e con una delle più alte concentrazioni universitarie: sei università per tre milioni di persone. Dopo di che don Pepe, allo scadere dei diciotto mesi, riconsegnò il potere nelle mani del presidente eletto Otilio Ulate e, come Cincinnato, tornò a vita relativamente privata. Relativamente privata perché non era certo uomo da starsene tranquillo a occuparsi di caffè. Don Pepe fondò il Pardido de Liberación National, fu eletto due volte presidente (nel 1953 e nel 1970) e morì nel 1990, rimpianto e venerato come un eroe nazionale e un padre della patria, lasciandosi alle spalle una tranquilla democrazia e un modello di utopia politica.

Un modello che il paese ha fatto orgogliosamente proprio, come se avesse scoperto una nuova immagine o una vocazione. Nei vent'anni seguiti alla guerra civile, il welfare costaricano e il sistema educativo finanziato dall'utopia di don Pepe hanno prosperato al di là delle aspettative. Nel 1978, le statistiche dicevano che la Costa Rica aveva una vita media di settant'anni, la mortalità infantile era del 2%, il tasso di alfabetismo del 90%, l'assistenza sociale copriva tre quarti dei lavoratori salariati e il tasso di disoccupazione era del 5%. La produzione di caffè si era triplicata. Una situazione impressionante in assoluto e tanto più in confronto alle condizioni assai più difficili dei paesi circostanti.

Poi, certo, una crisi doveva arrivare. Attorno al 1980 una crisi nel valore delle esportazioni e i crescenti costi del welfare portarono a una svalutazione del colón, la moneta costaricana, e la Costa Rica si ritrovò con un debito gigantesco.

Ancora una volta, nel caso della Costa Rica, utopia e pratica hanno lavorato insieme. Alla ribalta della storia dei "ticos", alla metà degli anni ottanta, si è affacciato un nuovo eroe e un nuovo utopista della pace, Oscar Arias Sánchez, presidente dal 1987 al 1990, premio Nobel per la pace nel 1989, capo di un'attivissima fondazione pacifista, attivo fautore della pacificazione del turbolento Nicaragua, così fiducioso nei valori irenici da essere riuscito a esportare la sua idea e l'idea di don Pepe – il non esercito – nel confinante Panama del dopo Noriega.

Affondato in una poltrona di cuoio nella sua severa casa spagnoleggiante, tutta divani in pelle e legni severi scolpiti, tutta librerie piene di tomi ben rilegati, tavoli di cristallo pesante, aria condizionata a palla e grandi vetrate che guardano su un giardino verdissimo, Oscar Arias – che ha l'aria non meno severa della sua casa, è alto, bello, concentrato, austero, bruno – racconta. "Da quando sono diventato presidente nel 1987 il mio sogno è stato quello di un'America Latina demilitarizzata." Un sogno poco realistico, all'apparenza e al confronto con i fatti e l'ambiente centroamericano. Eppure.

Eppure è successo che questo figlio della grande borghesia costaricana del caffè, ricchissimo, ben laureato in legge all'Università della Costa Rica e con un Ph.D. dell'Università di Essex in Inghilterra, esponente del Partido de Liberación National (socialista sì, ma moderato), ministro della Pianificazione per il terzo governo del nostro don Pepe, nel 1972, diventato segretario generale del Pln nel 1979, nel 1986 venne eletto presidente della Costa Rica.

È successo che non solo ha deciso di buttarsi a corpo morto nell'affrontare il problema del pesantissimo debito (cinque miliardi di dollari) e assumere con relativo successo le misure necessarie per affrontare la situazione economica, ma che ha inseguito il sogno di don Pepe e la vocazione pacifista della Costa Rica, in un quadro latinoamericano molto turbolento.

Per prima cosa, dunque, Oscar Arias ha rivolto la sua attenzione alla situazione di un vicino che ha sempre dato molti problemi alla stabilità costaricana, il Nicaragua. Il governo sandinista non era esattamente gradito agli Stati Uniti né tantomeno alla destra costaricana. Tanto che il predecessore di Arias, Luis Alberto Monge Alvarez, nonostante gli sforzi per mantenere il paese neutrale, si era ritrovato nei fatti ostaggio degli Usa, i quali, in cambio di aiuti economici, avevano chiesto di poter addestrare la Guardia Civil costaricana – la forza di polizia, molto ridotta, che aveva preso il posto dell'esercito – nel vicino Honduras, preparando allo stesso tempo piste e strade nel nord del paese per un'azione contro il vicino Nicaragua. E nel 1984 Monge aveva apertamente accettato di dare il suo appoggio ai piani a favore dei contras di Reagan. La guerra nella regione era vicina. Così, la Costa Rica decise di allontanarsi dal baratro che rischiava di aprirsi votando nel febbraio del 1986 per un uomo di pace come Arias. Il quale, seppur molto critico sul governo sandinista, proibì ai contras di operare dalle basi in territorio costaricano. Nel febbraio 1987 riuscì a riunire attorno a un tavolo e a un documento intitolato *Un tempo per la pace* i leader di Guatemala, Honduras, El Salvador e Nicaragua, e sei mesi dopo a far loro firmare un'intesa (*Procedura per fondare una pace solida e durevole nell'America centrale*) che prevedeva un cessate il fuoco tra forze governative e ribelli nel caso del Nicaragua, garantiva l'amnistia per i prigionieri politici, e assicurava elezioni libere e democratiche in tutti i paesi del patto. Soprattutto riuscì a convincere i suoi vicini di qualcosa ben nota ai "ticos": che si possono discutere e risolvere i conflitti parlando.

Nessuno stupore quindi se nell'ottobre di quello stesso anno Arias Sánchez veniva insignito del premio Nobel per la pace per il contributo alla fine della guerra in Nicaragua e alla diffusione della pace nell'America Latina.

È stata questa autorevolezza che ha aiutato Arias a portare nell'area della pace anche un paese storicamente turbolento come il vicino Panama. Racconta: "Dopo l'attacco a Panama da parte degli Stati Uniti e il rapimento del dittatore Noriega, il presidente appena eletto, Guillermo Andara, non era riuscito a ottenere il riconoscimento di nessun paese sudamericano. Gli ho detto. Siamo vicini, siamo amici, voglio essere il primo a riconoscerti. Ma devi pagare un prezzo. Il prezzo è l'impegno alla pace. Devi abolire l'esercito, come ha fatto la Costa Rica".

Più facile da dire che da fare, almeno nel caso panamense, dove non c'era un don Pepe pronto a fare la rivoluzione per la pace. Bisognava cambiare la costituzione. "Ho parlato al congresso di Panama. Ho invitato qui in Costa Rica i deputati panamensi. Ho trovato uno straordinario appoggio per l'idea, da parte dei media, dei sindacati, della comunità degli affari. Il gruppo che sosteneva Noriega certo non era felice della mia interferenza nella sovranità nazionale e sono stato etichettato come 'persona non grata'."

Per di più il processo per arrivare allo scopo prefisso era complesso. Per emendare la costituzione panamense sono necessarie due votazioni, sotto due diversi presidenti. Ci vuole tempo: "Ma così è stato fatto. Ho trovato dei fondi per 'riciclare' l'esercito, facendo studiare gli ufficiali e riconvertendoli ad altre specializzazioni. Il risultato è che non c'è un confine più forte al mondo: due paesi senza forze armate".

La campagna antimilitarista di marca costaricana è continuata. L'anno successivo, Arias ha convinto Aristide, il presidente di Haiti che tornava in patria dopo un lungo esilio, ad abolire le forze armate, alcune unità delle quali famose per la loro brutalità, e responsabili, dai tempi dell'indipendenza del paese, di ventisei colpi di stato.

"Ho invitato i membri del congresso di Haiti a venire a vedere come andavano le cose in Costa Rica e a Panama. I fondi destinati agli armamenti sono stati tagliati, e l'esercito sciolto. Certo non tutti erano contenti. Ma intanto Haiti ha creato e formato una polizia con una mentalità diversa, una mentalità 'civile'."

Nel 1997, Oscar Arias ha organizzato in Tanzania una conferenza con i capi di stato per discutere il taglio delle spese militari. "Tutti sanno che non c'è investimento meno produttivo al mondo che gli armamenti, che per i paesi poveri è un terribile e criminoso spreco di denaro. I bambini hanno bisogno di scuole e ospedali, non di carri armati e di caccia. Dobbiamo liberare più risorse per l'istruzione, perché in un'economia globalizzata i perdenti sono coloro che non hanno un'istruzione."

Al Vertice mondiale per lo sviluppo sociale di Copenhagen, nel 1995, Arias ha proposto poi un "fondo di demilitarizzazione" finanziato con "i dividendi della pace", cioè con i risparmi derivanti dai tagli alla difesa, e destinato all'educazione. "La crescita dei paesi in via di sviluppo è legata alla demilitarizzazione. Non arrivo a sostenere che la nostra sia un'esperienza esportabile in tutto il mondo – ci sono, vicino a noi, casi difficilissimi come la Colombia, per cui non vedo soluzioni a distanza ravvicinata. Ma si può e si deve tentare."

Anche se qualcuno, dagli ambienti dell'intellighenzia di sinistra, scuote la testa, perché avrebbe sperato qualcosa di più radicale, è innegabile che sulla Costa Rica l'utopia realizzata di don Pepe Figueres e di Oscar Arias e cinquant'anni di orgoglio nazionale hanno impresso uno stile "civile" diverso da qualsiasi altro paese latinoamericano. Anche dal punto di vista del nicaraguense Factor Mendez, che è vissuto per molti anni esule in Costa Rica ed è responsabile per la Comisión para la Protección de los Derechos Humanos de Centro America, il cosiddetto "Codehuca", che ha sede in una palazzina in un tranquillo quartiere di San José, in un appartamento soffocato da scaffali e scartoffie.

Mendez elenca sì dei casi di prostituzione minorile (qualcuno parla di duemila, mentre la prostituzione "maggiorenne" è legale, regolamentata da controlli medici e schedature). Registra qualche caso di xenofobia da parte della popolazione e delle autorità nei confronti degli emigrati "poveri" del Nicaragua. Cita qualche esempio di brutalità poliziesca – per esempio quando è il momento di eseguire gli ordini di sfratto. E denuncia la condizione dei lavoratori delle bananeras, le grandi coltivazioni di banane, che in pratica non hanno accesso al servizio sanitario e sono contaminati dall'uso di pesticidi che nel resto del mondo sono proibiti. Tace, perché non sono di sua competenza, gli effetti della legislazione che fanno della Costa Rica un paradiso fiscale (di cui sappiamo dalle cronache anche nostrane), con lo strascico di corruzione che la cosa si porta dietro.

Ma il suo bollettino, che ogni anno documenta gli esempi drammatici dei paesi circostanti, registra per la Costa Rica un solo caso di "violazione" dei diritti politici e, a indagare bene, neanche così sicuro, perché il signore in questione non è proprio uno stinco di santo e la verità è ambigua. Anche Mendez concorda sul fatto che "l'assenza, la non esistenza, la cancellazione dell'esercito ha veramente cambiato la testa dei 'ticos', e ha fatto della Costa Rica l'unico paese centroamericano con una democrazia stabile".

Il successo di quella che sembrava un'utopia e un'intelligente valutazione delle risorse in gioco hanno incoraggiato un'altra utopia – o una intelligente strategia delle risorse. La Costa Rica sta dunque diventando – con pieno diritto, vista la presenza di una natura meravigliosa, delle foreste fluviali che si estendono dall'Atlantico al Pacifico, di vulcani non sempre clementi ma fascinosi, di spiagge e coste bellissime – il paese del sogno ecologico.

Non a caso "Time magazine", quando ha dovuto dedicare un numero speciale all'America Latina, tra i leader per il "nuovo millennio" ha indicato Alvaro Ugalde e Mario Boza, i due conservazionisti della Costa Rica cui si deve se il paese è riuscito a diventare, a costo di grandi battaglie con i proprietari privati, che possiedono il 18% del patrimonio forestale, un paradiso di ventisei parchi nazionali, undici riserve biologiche, rifugi faunistici, aree protette – oltre un quarto del territorio nazionale. Insomma a far diventare la Costa Rica la capitale mondiale della "biodiversità", la nuova meta di un civilizzatissimo ecoturismo, un paese ideale dove prosperano tredicimila specie di piante, milleduecento tipi di orchidee, ottocentocinquanta specie di uccelli. E a farne il promotore, vent'anni fa, di un Meso-American Biodiversity Corridor, una sorta di gigantesco nastro verde di parchi, aree protette, rifugi faunistici attraverso gli otto paesi dell'America centrale, dal Messico alla Colombia.

Non sono tutte rose e fiori, visti gli interessi in gioco e l'esistenza di un forte partito degli affari che ogni tanto si affaccia anche sui giornali italiani: c'è chi aspira a un turismo di massa alla Cancun, e qualche scempio è stato fatto. Non solo: il conservazionismo ha i suoi martiri. E sembra un film – un mystery tragico e pieno di suspense – la storia dello svedese Olof Wessberg, promotore assieme a sua moglie, nel 1963, della Riserva naturale assoluta di Cabo Blanco.

Successe che nell'agosto del 1975 fu trovato un cadavere – semidivorato dalle belve della foresta nella montagna del Corcovado – presto identificato come quello di Olof, che in quella zona si proponeva di creare un'altra riserva dello stesso tipo. Dell'omicidio – perché di omicidio ovviamente si trattava – si accusò un ragazzo locale di diciassette anni, che non ha mai voluto rivelare né il movente ("sentivo il bisogno di farlo" ha dichiarato) né i mandanti. E il mistero tale è rimasto, salvo l'implicita lezione che il pacifismo e la non violenza non sono arrivati sin dentro le foreste del Corcovado.

Eppure il paese ha tutto l'interesse a restare su questa strada. Con il suo quasi intatto patrimonio forestale, la Costa Rica è diventato il capofila di una nuova e molto speciale forma di business: quella nata alla Conferenza di Kyoto del dicembre 1997, dove si è stabilita la necessità di ridurre, a livello planetario, le emissioni di carbonio. Per dirla in soldini (che sono poi uno degli elementi in gioco, anche se Franz Tattenbach, coordinatore ufficiale per la Costa Rica di questa avventura, ci tiene a dire che "non siamo dei mercanti del cambiamento di aria", e che il meccanismo inventato fa parte di un più generale atteggiamento di rispetto per l'ambiente) un metro quadrato di bosco "fissa" una tonnellata di carbonio.

E così la Costa Rica, pur così piccolo (rappresenta lo 0,001 % della superficie mondiale, ma ospita il 5% della "biodiversità"), è in grado con le sue risorse forestali di fissare 12 milioni di tonnellate di carbonio, e anziché tagliare, abbattere o costruire le sue foreste le noleggia ai paesi più "inquinanti", che potranno dunque evitare di ridurre troppo drasticamente le loro emissioni e di conseguenza la loro produzione industriale.

"Un buon affare per tutti" secondo Franz Tattenbach. Un'altra invenzione dei "ticos" che sposa utopia e concretezza alla maniera di don Pepe: anche se, in teoria, sono "affittate" alle grandi potenze industriali, le foreste costaricane sono lì, bellissime, verdi, ombrose, deliziosamente umide, ad attrarre il turismo, a farsi ammirare, a farsi godere. A fare della Costa Rica una riserva di verde e di pace.

7.
Esperanto

Lejzer Ludwik Zamenhof

All'inizio, per dirla in tono solenne, c'era la Torre di Babele, l'arroganza degli uomini che volevano sfidare Dio (come racconta la Bibbia) e l'inevitabile differenziazione del linguaggio (come ci dicono le teorie linguistiche).

Poi, molti e molti secoli dopo, per molto tempo, la questione della lingua divenne una magnifica ossessione di molti, partire da Hildergarde von Bingen, la badessa di Rupertsberg che nel Dodicesimo secolo inventò la "lingua ignota" (che in realtà era un mezzo di comunicazione segreta, visto che ai tempi della signora la lingua internazionale esisteva già, ed era il latino) per arrivare alle lingue filosofiche "a priori" di Dalgarno e del vescovo Wilkins, alla lettera con cui Cartesio per la prima volta accenna a un discorso sul tema della lingua pianificata, al "Primo abbozzo di una nuova lingua armonica" di Comenio, a Bacone e Leibniz che si occupano del problema, fino alle bizzarrie come la "solresol", la lingua con soli sette suoni basata sulla scala tonica occidentale, inventata dallo scienziato francese Jean François Sudre nell'Ottocento e destinata a essere cantata e fischiata. Ma soprattutto verso la fine di quel secolo di "magnifiche sorti e progressive", gli uomini (alcuni) cominciarono a rendersi conto che comunicare era difficile, che c'erano troppe lingue diverse sulla superficie del globo – un calcolo di oggi dice che esistono milleseicentosei lingue naturali, anche se, come per le piante, come per gli animali, ne spariscono ogni giorno –, che quelle lingue determinavano spesso le incomprensioni, che incarnavano il senso di orgoglio e arroganza nazionale, la volontà di dominio, la violenza espressiva di una nazione sulle altre, e che quindi, per facilitare la comprensione e la comunicazione, era un'idea folle quella che, in effetti, fotografava la realtà, e cioè l'idea – anzi, una pratica dettata dalla situazione politica – di promuovere a lingua internazionale una delle lingue esistenti. O, più folle ancora, la proposta di recuperare una lingua morta.

Alcuni – i più idealisti, i più sensibili al problema, i più dotati linguisticamente, i più versati nel gioco utopistico – cominciarono a sognare una soluzione e una rivoluzione. A creare nuove lingue. Lingue simili per natura a quelle naturali. Lingue che potessero essere sentite come neutrali, e quindi come proprie, da tutti. Lingue pratiche, alcune, pronte all'uso. Lingue fantastiche, inventate per la poesia e i racconti, come quella creata da Tolkien (che peraltro fu un sostenitore accanito dell'esperanto) per il ciclo de *Il signore degli anelli*, o il "necronomicon" creato da H.P. Lovecraft, o più tardi il "klingon" di *Star Trek*. Molti cominciarono a coltivare l'utopia di una lingua sovranazionale, razionalizzata e semplificata nelle strutture, che fosse di facile apprendimento, che attraversasse l'umanità, la facesse comunicare, le ricordasse che siamo tutti fratelli.

Queste lingue erano e sono quelle che, con un acronimo, per abitudine vengono chiamate LIA, le lingue internazionali ausiliarie. E al volgere del secolo, di LIA ne esisteva un bel numero, a riprova che la necessità di una lingua universale e la spinta utopistica per crearla erano profondamente sentite. Tanto da creare quella che Umberto Eco, nel suo affascinante libro *La ricerca della lingua perfetta* (al quale ci si deve rivolgere se si cerca un trattamento sapiente, scientifico e assieme divertente del tema) chiama "la nuova Babele". Eco ricorda infatti che due importanti studiosi dell'argomento, Louis Couturat e Louis Leau, nel 1903 registrarono trentotto sistemi linguistici "artificiali" e nel 1907, quando pubblicarono il loro libro *Les nouvelles langues internationales*, anche qualcuno di più. Anzi, i due nel 1901 avevano pensato bene di fondare una "Délégation pour l'adoption d'une langue auxiliaire internationale" che, affidando la decisione sulla scelta alle accademie scientifiche di tutto il mondo, avrebbe dovuto far loro prendere una decisione su quale fosse la lingua (internazionale e ausiliaria) perfetta. Perché no? Era l'epoca del Ballo Excelsior. La fiducia nella razionalità e nel futuro era all'apice.

Quali erano queste lingue? La prima di qualche importanza ad arrivare alla ribalta fu il "volapük", una lingua ricalcata sul tedesco per il lessico e sull'inglese fonetico, che usava ventotto lettere, un suono per ogni lettera, l'accento tonico sull'ultima sillaba (una bella razionalizzazione sull'esempio del francese) e, tocco di vera finezza, niente "r" per rispetto ai cinesi che non sarebbero riusciti a pronunciarla. Il nome derivava, secondo il suo creatore, dall'inglese: "vol" stava per "world", mondo, e "pük" stava, anche se non si capisce come, per "speech", discorso. Insomma, "lingua del mondo". Il suo inventore era tale Johann Martin Schleyer (1831-1912), un prelato cattolico tedesco, che raccontava di aver avuto in sogno la visita di Dio in persona, il quale, ovviamente pentito di tutto quel casino combinato con Babele, gli aveva suggerito di creare una lingua internazionale. Cosa che Schleyer prontamente fece: inventò dunque una lingua con una grammatica molto razionale, una morfologia agglutinante (le parole erano formate, come sarà poi per l'esperanto, per addizione di affissi o per agglutinazione di parole più piccole). I critici dicono che avesse una struttura barocca. Ma c'è poco da obiettare: nonostante le asprezze della sua creatura, il successo del "volapük", sull'onda dell'idealismo e dell'utopia, fu per qualche anno notevolissimo.

La nascita del "volapük" fu annunciata al mondo nel 1879. Dieci anni dopo si contavano già 283 club volapükisti in giro per il mondo e si vantavano centomila aderenti al progetto. Non solo. A riprova della sua fortuna il "volapük" aveva avuto già subito deformazioni e filiazioni, tra cui addirittura, nel 1893, un antivolapük. Come osserva Eco, "è destino di ogni progetto di lingua artificiale che, se il 'verbo' non si diffonde, essa mantenga la sua purezza: ma se il 'verbo' si afferma, allora la lingua diventa proprietà dell'assise dei proseliti e, poiché il meglio è nemico del bene, si 'babelizza'."

Ecco quindi che nel giro di pochi anni il "volapük" praticamente scompare (nel 1980, per il centenario della sua invenzione, si troveranno solo dieci parlatori di "volapük", che guarda caso erano anche parlatori di esperanto...), pur avendo figliato tanti altri progetti linguistici, dalla "langue universelle" di Menet al "veltparl" di von Arnim. Ed ecco, sempre elencati da Eco, il "tutonish" (1902), comprensibile solo a chi parla tedesco, e il "latino sine flexione" di Giuseppe Peano (1903), che riprende brillantemente l'idea di utilizzare per la comunicazione internazionale una lingua morta sì, ma semplificata. Ed ecco soprattutto arrivare in scena molto presto l'esperanto, la sola, la vera, la grande utopia linguistica, umana, sociale, internazionalista. La sola che, più di cent'anni dopo, resiste, continua a diffondersi, ha una lunga e bella storia, una vita.

E dire che l'esperanto ha rischiato di finire nel cestino. E dire che poteva nascere morto. Quando infatti il ragazzo di vent'anni creatore dell'esperanto e che ne sarebbe stato per tutta la vita l'appassionato promotore scoprì per caso che esisteva un progetto di lingua artificiale chiamata "volapük", ebbe un momento di sconforto così grande che fu lì lì per abbandonare il suo progetto ideale.

Fortunatamente non è andata così. Almeno per una volta l'ottimismo della volontà ha avuto la meglio. E ha ragione ancora una volta Umberto Eco quando parla della caratteristica speciale dell'esperanto, e cioè dello slancio ideale che sta dietro al progetto, e sostiene di essere affascinato dalla biografia dell'inventore. Ha ragione. E quindi parliamo un po' dell'uomo che sta dietro all'idea e alla realtà dell'esperanto, e che si chiamava Lejzer Ludwik Zamenhof, nato a Byalistock, nel 1859, ufficialmente una città del Regno di Russia/Polonia (mentre oggi fa parte dell'attuale Lituania), figlio di un professore poliglotta che per anni aveva condotto una piccola scuola privata per ragazzi ebrei e poi sarebbe diventato un ligio funzionario dell'Impero addetto alla censura, oltre che capo di un'affettuosa e protettiva famiglia.

Zamenhof è ebreo. Se può sembrare non politicamente corretto sottolineare questo fatto, be', in questo caso è importante, invece, e fondamentale. A Byalistock si incrociano razze e lingue, religioni e culture, l'yiddish e il ruteno, il polacco e il tedesco. Una piccola babele di lingue e di credo, dove però lo zar Romanov ha imposto a tutto e a tutti la lingua russa, cancellando brutalmente l'identità delle componenti "altre" del suo regno, dove tolleranza e intolleranza si mescolavano in una vita difficile per le minoranze.

Il nostro Lejzer, o Ludoviko (a seconda di come preferiva chiamarlo chi si rivolgeva a lui, secondo misteriose discriminanti culturali: noi semplificheremo in Lejzer, il nome con cui firma la maggior parte delle sue lettere), era un vero talento linguistico. E un idealista. E osservava con orrore e con dolore come l'imposizione di una lingua – quella dell'Impero, quella dei dominatori – potesse pesare su chi veniva privato del suo diritto a comunicare con i propri strumenti. Tanto che cominciò a pensare di creare una lingua che tutti potessero condividere in maniera paritaria. Una lingua che mettesse tutti i diversi gruppi etnici del suo mondo e del mondo in grado di parlarsi senza che nessuno, grazie alla maggiore abilità linguistica, prevalesse. E siccome era molto dotato dal punto di vista linguistico, tanto che tutti i suoi compagni di liceo lo consultavano come un oracolo quando arrivava l'ora delle versioni di greco, il giovane Lejzer studiava e divagava, inventava e scopriva. Le origini comuni delle parole. I legami tra le lingue. Le radici comuni. E la condizione degli ebrei nella società russo-polacca dell'epoca, soprattutto dopo che aveva lasciato la grande comunità ebraica di Byalistock e la Lituania per trasferirsi con tutta la famiglia a Varsavia, dove si sentiva ancora più solo, ancora più "diverso". E da questo senso di diversità, da questo senso della differenza creata dalla babele delle lingue, aveva cominciato a prendere forma il suo sogno di una lingua universale, di cui tutti fossero padroni e "titolari" allo stesso modo.

Fu così che cominciò per il giovane Zamenhof un lavoro che lo avrebbe accompagnato tutta la vita. Fu così che (lo racconta il suo bravissimo e appassionante biografo, Vitaliano Lamberti, in una biografia che sembra un romanzo russo, *Una voce per il mondo, Lejzer Zamenhof, il creatore dell'esperanto*, edito da Mursia e ormai praticamente introvabile) cominciò a cercare le linee di parentela tra le parole e le desinenze: tra parole quotidiane e semplici come svejcarskaja (portineria) e konditorskaja (pasticceria), tra i suffissi che in greco indicano il luogo e quelli che indicano il luogo invece in tedesco, tra il maschile e il femminile, tra Yang e Yin, tra le forme positive e quelle negative.

Fu così che nel 1876, a diciassette anni, in una lettera all'amatissimo e amabilissimo zio Josef, che per tutta la vita lo sosterrà e lo incoraggerà in questa sua folle passione, Lejzer poteva annunciare che stava lavorando a una *Lingwa universala* per la quale aveva già predisposto un vocabolario di trecento parole – e che stava studiando le radici comuni, i suffissi, i prefissi. E fu così che il 17 dicembre 1878, il giorno del suo diciannovesimo compleanno, nel corso dei festeggiamenti organizzati da tutta la famiglia riunita, nel tranquillo salotto della casa di Varsavia, il giovane Zamenhof annunciò la sua personale rivoluzione: e cioè di aver creato la sua lingua "universala". Dopo di che, nello sbalordimento e compiacimento generale (ma vedremo poi che papà Marko per tutta la vita fu contro il progetto del figlio, che considerava quanto meno dispersivo e sicuramente pericoloso) cantò per la famiglia i suoi canti scritti nella nuova lingua, che esprimevano non solo la sua perizia di inventore di lingue ma anche la sua ideologia politica.

"Malamikete de las nacjes,
Cadó, cadó, jam temp'está;
La to'homoze in familje
Konunigare se debá."

("Nemici delle nazioni, / cadete, cadete, ormai è tempo; / tutta l'umanità in una famiglia / deve unirsi.")

Era solo l'inizio. Mentre il giovane Zamenhof si diplomava con lode e con molte medaglie, mentre cominciava i suoi studi che lo avrebbero portato, tra incertezze e sbandamenti, intrusioni paterne e traslochi nella gelida e povera Mosca degli studenti, a diventare un oftalmologo, il suo progetto di lingua si definiva e la sua passione cresceva, così come la sua attenzione alla giustizia sociale, acuita dal fatto di vivere nel "calderone" (come dice lui ottimisticamente e riduttivamente) che era la Russia e in particolare la capitale. Dove, tra le altre tante ingiustizie di cui ben sappiamo, all'università proprio in quel momento veniva annunciato il *numerus clausus* per gli ebrei, la minore ma non la più ininfluente delle tante ingiustizie e discriminazioni di cui erano vittime gli ebrei nell'Impero zarista.

Eppure Lejzer, che era affezionato alla sua famiglia, al suo popolo e alla sua tradizione israelita, ma era laico, scriveva al meraviglioso zio Josef nel 1880 di aver abbandonato uno dei suoi tanti progetti linguistici: quello – che per un po' aveva coltivato – di propugnare l'yiddish come lingua degli ebrei, perché "avrebbe risvegliato negli ebrei un patriottismo nazionalistico che in fin dei conti si sarebbe ritorto contro di essi e contro le loro aspirazioni di giustizia e uguaglianza sociale". No. La sua convinzione si era andata precisando. La vera svolta sarebbe stata "creare una lingua del tutto nuova, che da un lato non fosse proprietà di un solo popolo e dall'altro potesse essere usata liberamente dai popoli oppressi e senza lingua... una lingua neutrale, con il principale tratto caratteristico della 'neutralità'".

Ma la neutralità era una sogno, nella Russia dello zar Alessandro II, dove l'appartenenza a un'etnia o a un'altra poteva decidere del tuo destino. Dopo l'attentato che ucciderà Alessandro, il 13 marzo 1881, la furia dei pogrom con cui Alessandro III voleva vendicarsi di un presunto complotto, lanciava il suo terrore in tutti gli insediamenti ebraici dell'Impero, secondo lo stesso ben orchestrato copione e con lo stesso strascico di orrori a Odessa come a Nikolajev, a Borisov come di nuovo a Odessa, dove il mostruoso ciclo della crudeltà si chiuse a metà novembre 1881, a sette mesi dal fatale primo maggio quando tutto era cominciato ad Alexandrovsk. Il regime zarista esercitava violentemente la sua oppressione contro gli ebrei, contro gli intellettuali e ancor di più contro gli intellettuali di origine ebraica. Era inevitabile un avvicinamento del giovane Zamenhof alla causa sionista, anche se alla sua maniera. Perché Lejzer sentiva sì un sentimento di profonda solidarietà nei confronti dei suoi correligionari – o meglio dei correligionari della sua famiglia – e pensava che la nuova *Lingwa universala* avrebbe potuto finalmente unire gli ebrei di tutto il mondo. Ma non voleva sacrificare o piegare la sua visione profondamente laica.

Si sa che il padre di Zamenhof non era per nulla contento che, anziché buttarsi a corpo morto nei suoi studi di medicina, suo figlio dedicasse ancora del tempo a quella sua balzana idea di perfezionare e diffondere la *Lingwa universala*. E racconta Lamberti che fu proprio lui, con una certa compiaciuta cattiveria, il risultato di un ingeneroso amor paterno, a comunicare al figlio, nel corso del regolamentare predicozzo sul suo futuro, che poteva dimenticarsi la sua lingua inventata perché qualcuno l'aveva inventata prima di lui e l'aveva già diffusa: si chiamava "volapük", come annunciava il libro di Schleyer edito da Tappen, a Sigmaringen, nel 1880 (*Schizzo di una lingua universale per tutti gli istruiti del mondo*). Caro Lejzer – possiamo immaginare che dicesse il severo papà preoccupato per il futuro del figlio, con il dispettoso sollievo di chi sta dando una notizia che cambierà le cose –, la lingua universale esiste già, l'ha inventata un altro prima di te, si chiama "volapük" e il suo nome significa proprio quello che tu sogni, "lingua del mondo". Dunque, caro Lejzer, metti la testa a partito e piantala con i sogni.

Lejzer, invece, per quanto scosso dalla notizia, continuò a studiare e sognare – e a esaminare criticamente il "volapük" che, anche se si stava diffondendo a macchia d'olio e con grande successo, non gli piaceva proprio, cui attribuiva "secchezza e ruvidità", oltre che dei suoni impossibili, tanto da sfidare "chiunque a parlarlo correttamente e a capire quello che uno dice." Era meglio dire "Menade bal, püki bal" ("püki" voleva dire "una umanità, una lingua") o la versione in esperanto, "unu homaro, uno lingva"? Un milanese non avrebbe dubbi, ma anche molti altri.

Per diffondere l'idea dei suoi sogni come aveva fatto il reverendo Schleyer con il suo libro, al giovane Zamenhof erano necessari dei soldi, e non pochi. E lui non ne aveva. Fortuna volle che nella sua vita entrasse una ragazza, Klara Silbernik, di cui Lejzer si innamorò riamato. Fortuna volle che il padre di Klara fosse un ricco uomo d'affari ma anche, a suo modo, un illuminato idealista. Klara aveva una dote (così si usava allora). E la dote di Klara servì a foraggiare la causa della *Lingwa universala*. Giusto in tempo, perché accadeva nel frattempo che l'American Philosophical Society, fondata nel 1743 da Benjamin Franklin e destinata a promuovere le scienze e le invenzioni più utili all'umanità, aveva affidato a un comitato il compito di decidere se fosse necessaria una lingua internazionale, e se sì quale. E il "volapük" era al momento il solo concorrente in lizza.

Fu così che, nel 1887, in luglio, venne pubblicato il *Unua Libro*, il primo libro della nuova lingua, in russo, l'ur-testo della lingua internazionale, e il testo con cui combattere per la causa della lingua internazionale. Prezzo 15 copechi, edito in Varsavia dalla tipografia Kelter. Conteneva una prefazione di 28 pagine, con alcuni testi in *Lingwa internacia*, dal Padre nostro a quattordici versi di Heine. Una grammatica di sei pagine. Un vocabolarietto con 917 radici lessicali e le istruzioni per l'uso. E una scritta che annunciava: "La lingua internazionale è proprietà comune di tutti: l'autore rinuncia per sempre a qualsiasi suo diritto su di essa". Annunciava l'autore che "il problema principale che è necessario risolvere è il seguente:

1. che la lingua deve essere straordinariamente facile, così che possa essere imparata come se fosse un gioco;
2. che tutti coloro che la imparano devono essere immediatamente capaci di usarla per capirsi con gente di paesi diversi... e cioè che la lingua, fin dall'inizio, e grazie alla sua costruzione, dovrebbe essere capace di servire come un mezzo effettivo di comunicazione internazionale".

Il volumetto non era firmato Zamenhof: un po' perché non voleva essere messo in imbarazzo rispetto alla sua stessa professionalità di oftalmologo (come avrebbero reagito i pazienti, che già non abbondavano, al fatto che il loro medico si trastullasse con altri interessi?), un po' per non legare la nuova lingua al suo cognome ebraico e quindi non collegarla a una causa che lui stesso viveva in modo molto particolare, Lejzer scelse di firmare il libro con uno pseudonimo, Doktoro Esperanto. Il dottore che spera. Senza prevederlo, senza progettarlo, aveva inventato il nome che sarebbe rimasto legato alla sua lingua per sempre: esperanto.

Com'era e com'è organizzato (in soldoni) l'esperanto? Come il rivale "volapük" ha un alfabeto di 28 lettere. Ogni lettera ha un solo suono. L'accento tonico cade sempre sulla penultima sillaba (nel "volapük", ricordate?, sull'ultima). L'articolo ha una sola forma, "la". Il femminile è formato con il suffisso "in" dal sostantivo maschile, che viene inserito prima della desinenza "-o", destinata a contraddistinguere i sostantivi (e quindi patr-o/ patri-in-o, padre e madre). I contrari sono formati con dei prefissi. Ci sono molti nomi composti. Il plurale è formato con la desinenza "-j". I verbi presentano sei forme inconiugabili, distinte da diversi suffissi. È previsto l'accusativo (con la desinenza "-n"). I sostantivi sono coniati sulle lingue neolatine, germaniche e slave. E sì, è una lingua internazionale, ma (obiezione ricorrente e in qualche misura giusta) costruita sul modello occidentale.

La "vulgata" dice che la prima conversazione in esperanto si svolse nello studio di Zamenhof (dove per la verità i clienti non abbondavano, tutto preso com'era il dottore dalle sue escursioni linguistiche) il giorno che vi arrivò l'ingegner Grabowski. L'ingegnere voleva parlare con il Doktoro Esperanto. Non era la prima e non sarà l'ultima di una serie di persone che divennero all'istante dei devoti della lingua e del pensiero che l'accompagnava.

L'American Society si era pronunciata intanto contro il "volapük" e si era messa a studiare il caso esperanto. E all'inizio del 1888 una relazione firmata dal filologo Henry Phillips annunciava che l'esperanto rispondeva ai requisiti richiesti come lingua internazionale – e c'era in più, osservava, la deliziosa modestia del suo creatore, che si diceva disposto a presentare la sua lingua all'attenzione critica del pubblico prima di darle una forma definitiva. Non solo: il fondatore chiedeva ai lettori del suo libro di impegnarsi a imparare la lingua solo quando dieci milioni di persone avessero espresso la stessa promessa. Era la garanzia di trovare degli interlocutori. Intanto l'esperanto stava mettendo insieme anche la sua biblioteca: il primo libro tradotto fu *La tempesta* di Puskin. Si andavano formando in tutta Europa dei gruppi esperantisti. Venivano stampati opuscoli, bollettini e giornali in esperanto. Imperversava il dibattito sulle forme e le regole dell'esperanto – perché c'erano quelli cui non piaceva l'accusativo, quelli cui non garbava il plurale in "-j". Il tutto mentre il "volapük" si stava sfasciando come un castello di carte, e spuntavano come funghi i testi dedicati alle nuove lingue artificiali, dal "mondo lingue" di Lott al "balta" di Dormoy. Che Babele, si potrebbe commentare.

Ma, al di là del fatto linguistico, l'esperanto stava rivelando la sua importanza anche in altri campi, nonostante Zamenhof, immerso nel suo laicismo, non volesse che la causa dell'esperanto venisse identificata con le sue origini ebraiche. Era la vita stessa a costringerlo al confronto. Dopo aver operato a lungo nel ghetto di Varsavia, trasferitosi a Grodno, in Russia, sul fiume Niemen, dove aveva aperto uno studio, perennemente alla ricerca di una sede stabile e proficua per il suo lavoro di medico, Zamenhof si era scontrato di nuovo con il dramma dei profughi ebrei espulsi da Mosca e perseguitati in tutta la Russia dai pogrom, con la tragica situazione delle vittime delle persecuzioni e delle deportazioni zariste, con l'odissea dei contadini che la carestia cacciava dalle loro terre esauste. Erano le vittime della società russa, quelle per cui Lev Tolstoj auspicava un "ordine nuovo". Erano le vittime dei regimi, delle oppressioni di classe, delle persecuzioni razziali. Nel tentativo di dare un contributo per quanto teorico e ideale alla soluzione di questi problemi, Zamehof avrebbe cercato di diffondere la sua idea pacifista nel 1901 con un opuscolo pubblicato sotto lo pseudonimo Homo Sum, "L'hillelismo come soluzione della questione ebraica", in cui propugnava la creazione di un "popolo neutrale", l'"unificazione dell'umanità".

L'utopia dell'esperanto si andava intrecciando sempre più strettamente al sogno di una convivenza pacifica tra le razze e i popoli, all'ideale "homaranista" – come scriverà Zamenhof qualche anno dopo – di "lavorare soltanto per una giustizia assoluta tra gli uomini". E da parte di Zamenhof, pur così legato alla sua tradizione e al suo mondo culturale ebraico, c'era l'impossibilità dichiarata di legarsi al nazionalismo ebraico. Era sua convinzione che "ogni azione nazionalista può solo portare all'umanità una più grande infelicità", che se "il nazionalismo dei forti è indegno, quello dei deboli è imprudente".

A Tolstoj, Lev Tolstoj, il grande aristocratico, filosofo, scrittore, filantropo, era arrivato in omaggio una copia del *Primo libro*, e in due ore (così raccontava lui) si era familiarizzato con l'esperanto. Non solo: aveva promesso di propagandarlo con tutte le sue forze, e aveva preso a collaborare a "La Esperantisto", un giornale fondato da Zamenhof, con degli articoli provenienti dalla sua rivista "Posredinik". E quando a Tolstoj fu ufficialmente richiesta un'opinione sulla lingua universale, dopo aver osservato che in verità per una piena universalità, e cioè per unire i popoli extraeuropei, sarebbe stata necessaria un'altra lingua, in quanto l'esperanto era facile da apprendere sì, ma soprattutto per gli europei, concludeva il suo lungo e generoso messaggio dicendo che "non vi è scienza più cristiana di quella delle lingue, che permette la comunicazione e l'unificazione del più gran numero di uomini". La solidarietà di Tolstoj si rivelò tuttavia un regalo avvelenato: la censura zarista, che non lo amava molto, approfittò di uno degli articoli del grande scrittore pubblicati su "La Esperantisto" per bandire il giornale di Zamenhof da tutte le Russie. Era solo l'inizio: e in Russia l'esperanto continuerà ad avere vita difficile quando non a essere oggetto di vere persecuzioni.

Se cresceva e si diffondeva intanto in tutta l'Europa orientale e nel Nord, l'esperanto non riusciva però ad attecchire stabilmente nell'Europa occidentale. Fu allora che, nel 1898, entrò in scena il marchese Louis de Beaufront, parigino: un grande organizzatore, abilissimo uomo di relazioni pubbliche, che si profuse attivamente nel diffondere l'esperanto in Francia e nel resto d'Europa, fece concludere a Zamenhof un accordo con Hachette – la grande casa editrice, che avrebbe pubblicato dei testi in esperanto –, e creò una rivista letteraria, "L'espérantiste", coinvolgendo studiosi e scienziati.

Nel frattempo, sulla scia del modello della Grande esposizione universale, dove lo stand russo esibiva una mostra didattica dedicata all'esperanto sotto il simbolo della stella verde con la grande "E" al centro, gli esperantisti scoprirono il piacere e l'utilità dei congressi. Si incontrarono in Belgio, molto sottotono, nel 1903. Poi alla grande (settecento delegati, anzi, settecento "samideani", come si chiamavano tra di loro gli esperantisti, settecento persone che si battevano per la stessa idea) a Boulogne-sur-Mère nell'agosto del 1905. In quell'occasione Zamenhof stabilì formalmente che era necessario attenersi a un testo base della nuova lingua, che sarebbe stato vincolante per tutti, ed era il suo volumetto *Il Fondamento dell'esperanto*, ma soprattutto riaffermava il senso vero del progetto esperantista, "l'affratellamento dell'umanità", il transnazionalismo. Mise anche in versi il suo pensiero: "Kion disigis ne unu mijàro/ tion Kunigis Bulojo če 'l Maro". (Quello che un millennio ha chiuso, Boulogne-sur-Mère ha riunito.)

Era appena finita la terribile Guerra russo-giapponese con l'umiliazione della Russia, gli ideali pacifisti erano calpestati e derisi, l'impero zarista era allo sbando, erano ricominciati i pogrom, questa volta scatenati dalla polizia stessa, gli ebrei erano presi di mira. L'hillelismo di Zamenhof, la sua teoria pacifista, aveva trovato una nuova forma e un nuovo nome nell'homaranismo, lanciato da un opuscolo anch'esso anonimo che tra diffuse approvazioni trovò invece un imprevedibile nemico proprio nel marchese de Beaufront, il quale voleva confinare l'esperanto al suo aspetto linguistico e temeva la confusione con "il sistema filosofico, religioso e sociale" prospettato dall'homaranismo. Mentre nel giugno del 1906 un pogrom particolarmente feroce sconvolgeva per tre giorni la comunità ebraica di Byalistock, la città natale di Zamenhof, gli esperantisti preparavano un nuovo congresso a Ginevra. Qui, di fronte a ottocentottanta delegati (tra cui anche, per la prima volta, gli esperantisti non vedenti), Zamenhof riaffermò che l'esperanto non era e non poteva essere solo un fenomeno linguistico, ma che doveva portare con sé l'idea della "fraternità e giustizia fra tutti i popoli". Molti applaudirono. Non tutti erano d'accordo. Certamente non de Beaufront, convinto come molti altri che fosse meglio conservare il movimento per la nuova lingua indipendente da posizioni ideologiche particolari, per poter attrarre uomini (e donne) di idee diverse in ogni campo, da quello religioso a quello politico. Premeva la decisione di chi avrebbe rappresentato nel 1907 a Parigi l'esperanto presso il "Comitato per la scelta di una lingua internazionale", che era composto dai massimi linguisti a livello internazionale – da Otto Jespersen, che sarebbe stato poi l'autore di un testo fondamentale come *Language: Its Nature, Development and Origin*, a Louis Couturat, da Louis Leau all'italiano Giuseppe Peano. E da de Beaufront, che aveva sempre più una posizione autonoma...

La crisi sarebbe scoppiata l'anno successivo, in ottobre, in assenza di Zamenhof, che da regolamento non poteva essere presente a perorare la causa della sua lingua. L'esperanto risultava sì la lingua scelta dal "Comitato per la scelta di una lingua internazionale", ed era quindi il vincitore contro lo "spokil", il "lingvo blua", il "parla", l'"interlingua" e via elencando (ma c'erano anche il "balta", il "bolak", il "bopal", il "dil", l'"orba", lo "spelin"...). Il comitato aveva scelto l'esperanto perché era una lingua più razionale, armoniosa, bella delle altre. Ma quello che veniva presentato e promosso era un esperanto "perfezionato" *motu proprio* dai componenti del comitato. In altre parole, il prescelto era l'esperanto che era andato modificando a modo suo il marchese (poi si scoprirà che marchese non era) Louis de Beaufront: niente segni sopra le lettere, niente accusativo, alcune nuove radici. Una lingua nuova, adattata, in modo da essere più facile da apprendere da parte dei popoli "civilizzati", ossia i francesi e gli inglesi. Esplosero al tempo stesso entusiasmi e ripulse. La nuova lingua era stata anonimamente presentata sotto il nome di "ido" – che vuol dire "discendente", si suppone dell'esperanto. Ma il presentatore di questo nuovo esperanto risultò non essere altri che il "traditore" de Beaufront. Ogni decisione finale venne rimandata. In risposta a questo golpe nel suo stesso territorio, Zamenhof decise che la difesa e la cura dell'esperanto erano affidate a un'associazione, la Universala Esperanto-Asocio (Uea), che lo avrebbe protetto in futuro da attacchi e deviazioni. E fece bene, perché la "riformomania" sembra essere la malattia dei cultori delle LIA, e ha prodotto accanto all'"ido" – che sotto la forma ulteriormente modificata del "novial" troverà insigni sostenitori come Jespersen – una serie di stranezze dalla vita breve, dal "basic English" che ispira anche il linguaggio di *1984* all'"interglossa" e all'"interlingua", dal "loglan" al "neo". Uno studioso dell'argomento e simpatizzante esperantista, Donald J. Harlow, ha calcolato che negli ultimi due secoli si sono registrati almeno mille progetti di LIA. E il commento più divertente lo si deve a George Bernard Shaw che, invitato a dire la sua sul "novial", scrisse: "Il 'novial', inventato dal professor Jespersen, è veramente buono perché c'è dentro una bella quantità di inglese. È dunque delizioso da leggere...".

Dopo questa crisi, Zamenhof, sempre più fragile di salute, nel 1912 annunciò il suo ritiro da capo ufficiale del movimento. Il suo carisma resisteva, però. Gli idisti cercarono di corromperlo, offrendogli la bella cifra di duecentocinquantamila franchi, in cambio del suo sostegno all'esperanto modificato. Benché ormai ridotto in povertà, Zamenhof rifiutò. Nel 1914, si stava mettendo in viaggio per raggiungere il congresso esperantista che si sarebbe tenuto a Parigi, quando l'annuncio della guerra sorprese lui e sua moglie Klara in treno, in Germania, costringendoli, a causa della chiusura del confine russo-tedesco, a un lunghissimo periplo attraverso la Scandinavia per ritornare a casa a Varsavia. Di fronte alla pace sconvolta, il sogno dell'esperanto impallidiva, la salute del suo creatore se ne andava. I successi dell'esperanto si intrecciavano ai drammi: nel maggio del 1914 diciassette esperantisti giapponesi vennero giustiziati in quanto anarchici. Nell'Europa dell'Est l'esperanto venne bollato da molti governi come "una lingua di ladri e di sovversivi". Alla dichiarazione di indipendenza del regno di Polonia, Zamenhof trovò ancora l'energia e la forza ideale di scrivere in un "Appello ai diplomatici" il suo sogno di un'Europa unita negli Stati Uniti d'Europa. Ma era la fine: morirà nel marzo del 1917.

Il suo sogno internazionalista, tuttavia, non moriva con lui, anche se le cose, nel mondo tormentato e sconvolto uscito dalla Prima guerra mondiale, non erano facili né chiare. Nei primi tempi dell'Unione Sovietica l'esperanto venne accolto con entusiasmo – al punto che alcune tra le prime emissioni di francobolli furono in esperanto. E l'esperanto trovò un'inattesa diffusione all'interno della classe operaia che, giustamente, lo considerava uno strumento di comunicazione perfetto per l'internazionalismo proletario. Il risvolto negativo di questo fenomeno fu che l'esperanto venne visto dall'establishment come strettamente legato al regime bolscevico, tanto più che una seconda associazione esperantista, la Sat (Sennacieca Asocio Tutmonda) chiedeva ai suoi associati di abiurare ogni forma di nazionalismo.

Il percorso postbellico dell'esperanto, ormai diffuso in tutto il mondo ma privo del suo creatore, restava dunque travagliato. Il breve flirt con l'Unione Sovietica non era destinato a continuare. Lenin pensava che il russo fosse la nuova lingua del mondo. Stalin pensò bene di fucilare un buon numero di esperantisti. In Grecia, nel dopoguerra, si decise che l'esperanto sarebbe stato insegnato nelle scuole dell'isola di Samos – ma non se ne fece poi nulla. Lo stesso in Cina. Nella nuova repubblica di Macedonia venne avviato l'insegnamento dell'esperanto – finché la Macedonia non fu nuovamente e celermente spartita. Andò a finire in un nulla di fatto il tentativo promosso dal linguista svizzero Edmond Privat di far adottare l'esperanto come lingua ufficiale della Società delle nazioni. Resta agli atti una più modesta conquista: nel 1924, la Società delle nazioni raccomandò l'uso dell'esperanto agli stati membri come lingua ausiliaria. Ma nonostante gli insuccessi, i disastri, le persecuzioni, nel 1928 si calcolava che in giro per il mondo ci fossero almeno centomila persone a parlare l'esperanto.

Fu la crisi del 1929 che costrinse di necessità i finanziatori del movimento a stringere i cordoni della borsa e a portare l'esperanto, o almeno le sue strutture associative, alla sua crisi più profonda. L'avvento del nazismo al potere produsse nuovi attacchi all'esperanto, che Hitler, nel *Mein Kampf*, accusava, con buona pace del povero a-sionista Zamenhof, di essere un elemento fondante della cospirazione giudaica. Nel 1936, ne venne proibito l'insegnamento (sarà per questo che le scritte ne *Il grande dittatore* di Chaplin sono in esperanto? Una vendetta satirica? Un'ulteriore beffa antihitleriana?). Nel 1937, in Unione Sovietica i membri dell'associazione esperantista vennero arrestati e costretti a confessare di far parte di "un'organizzazione spionistica internazionale degli esperantisti". Non si hanno dati certi, ma Ulrich Lins, uno studioso che nel suo libro *La lingua pericolosa* (titolo che cita a quanto si dice un giudizio di Stalin sull'esperanto) si è occupato proprio del tema delle persecuzioni, calcola che almeno duemila esperantisti furono giustiziati, e gli altri mandati nei gulag. Perché? L'ipotesi, citata da Lins, era che i sovietici potevano aver visto nell'esperanto un pericoloso rivale del russo come lingua comune dell'Urss.

E per completare la cronaca di questa tragica débâcle: non si contano gli esperantisti morti nei campi di sterminio o giustiziati, compresi i figli di Zamenhof. In Giappone molti gruppi esperantisti, considerati legati alla sinistra, furono perseguitati e costretti a sciogliersi. Lo stesso accadde in Cina dopo l'invasione giapponese. Che avesse ragione chi pensava che l'esperanto avrebbe dovuto proporsi, come le altre lingue universali, solo come strumento pratico e non, per citare Eco, con "gli elementi di quella tensione religiosa e irenistica che avevano caratterizzato la ricerca della lingua perfetta"?

Forse è giunto il momento di arrivare all'oggi. E dire che oggi l'esperanto è parlato, secondo l'*Enciclopedia Britannica*, da circa otto milioni di persone (i più prudenti dicono da tre, i più esagerati da trenta milioni). Che la maggior concentrazione di esperantisti si registra in Europa centrale. Che i punti del mondo dove sta più crescendo la sua influenza sono l'Africa e l'Estremo Oriente, dove per esempio il Vietnam ha rivelato sensibilità e interesse per la cosa. Che nel 1975 in Iran si è registrata un'inspiegabile esplosione di interesse per lo studio dell'esperanto. Che negli anni novanta in Slovenia, Svizzera, Cuba, Polonia, Lettonia, Estonia (Tallin e Vilnius) si sono avuti a titolo sperimentale (ma con un certo successo) trasmissioni radio in esperanto. Che dopo alcuni tentativi abortiti, di cui uno nel 1954, con cui si riconosceva l'esperanto come una possibilità interessante di lingua ausiliaria, nel 1985, dopo trentun anni di silenzio e di nulla di fatto, l'Unesco ha passato una risoluzione favorevole all'esperanto (una risoluzione che qualcuno maliziosamente mette in collegamento con l'uscita dall'Unesco di Inghilterra e Stati Uniti, i due maggiori paesi anglofoni). Che in ogni caso il numero delle persone che parlano esperanto va crescendo.

Sono solo alcune notizie sciolte sulla sorte di un'utopia che nel corso di cent'anni ha saputo in parte diventare realtà e in parte è rimasta potenzialità, che è al tempo stesso amata e simpatica e trattata con sopracciglioso distacco, che viene presa molto sul serio da taluni e guardata come una scemenza idealistica da altri, roba, appunto, da utopisti inizio secolo, stile il già citato ballo Excelsior. È vero, certo, che le cose nel frattempo sono cambiate, che il dibattito sulla lingua internazionale ideale parte da altre basi e da altri problemi. Che sono cambiati i rapporti di forza tra le lingue. Un tempo il rivale dell'esperanto come lingua della diplomazia e delle relazioni internazionali, e come candidata a lingua internazionale naturale, era il francese. Ora, come tutti possono constatare, la lingua veicolare del mondo e della tecnologia è senza dubbio l'inglese, anzi, l'angloamericano, con i quattrocentotrentasette milioni di persone che lo parlano, i molti, molti milioni che ci provano invano, le élite fortunate che lo imparano nelle belle scuole internazionali (ma solo il 6% della popolazione europea, testimoniano studi precisi, ha una vera conoscenza dell'inglese). E in ogni caso l'uso dell'angloamericano porta con sé, osservano gli esperantisti ma certo non solo loro, il senso dell'impero (o degli imperi) e del potere da cui il mondo è determinato, il senso degli affari economici che accompagna e veicola, il senso della cultura informatica creata a Silicon Valley e dominata dalla tecnologia "made in Usa". Per sintetizzare con Emma Bonino, ai tempi del suo mandato come commissario europeo, "l'uso di una lingua etnica (in questo caso l'inglese) comporta notevoli problemi di apprendimento e in particolare di colonialismo culturale e inuguaglianza politica". Quando, quasi un secolo fa, Zamenhof pensava agli Stati Uniti d'Europa, non pensava forse anche al problema di come gli stati di questi Stati Uniti avrebbero dovuto comunicare tra loro? Ma come si può pensare, osserva per esempio Mark Fettes in *Europe's Babylon: Toward a Single European Language?*, che l'uso di una lingua comune europea venga determinato nello stesso modo se si parla di un'Europa di trenta nazioni (come ci si avvia a fare in futuro) piuttosto che di un'Europa di dodici com'è ora? Chi non ha provato almeno una volta la voglia di ribellarsi all'obbligatorietà di questa "lingua geral" obbligata, all'esclusione delle lingue "non potenti", alla sensazione che ci siano lingue, per dirla con Orwell (che peraltro detestava l'esperanto, a seguito di una sua brutta convivenza con due esperantisti in esilio), più uguali delle altre, al "pidgin" raccapricciante da cui dipendiamo ogni giorno, all'inglese inesistente che detta frasi come quelle che raccoglie pazientemente Beppe Severgnini in una sua godibile rubrica giornalistica, e non ha voglia almeno una volta di "una comunità di linguaggio volontaria, non etnica, non territoriale", non colonizzata, non inuguale, come aveva sognato il creatore dell'esperanto?

Se il discorso, purtroppo, è terribilmente importante e complicato, il problema, al di là dell'utopia della comunicazione e dell'ideale zamenhofiano dell'uguaglianza delle lingue e della fratellanza tra i popoli, è reale e ha risvolti pratici quasi comici. Chi si è messo a calcolare quanto costa una pagina di traduzione o il servizio di interpretariato per le lingue obbligatorie dell'Unione Europea si è messo le mani tra i capelli: l'Unione Europea spende circa il 40% del suo bilancio in servizi di traduzione per tradurre le sue dieci lingue ufficiali. E un decimo dell'intero bilancio delle Nazioni unite finisce nel calderone delle traduzioni e dei servizi di interpretariato – per tacere delle gaffe, degli equivoci, dei problemi che sorgono di continuo. Uno studio delle Nazioni unite ha calcolato che nei congressi scientifici la perdita di informazioni dovuta alle traduzioni e ai loro passaggi ammonta al 50%. Tullio De Mauro ha sottolineato il fatto che la catena delle traduzioni all'interno degli organismi internazionali è fonte di "innumerevoli controversie interpretative", visto che ogni norma tradotta in una qualsiasi delle lingue della Ue "fa testo", assieme ai suoi equivoci ed errori. E che dire del fatto che al momento di andare in stampa, una pagina di un documento delle Nazioni unite costa 558 dollari, per un totale di oltre cento milioni di dollari (come è stato calcolato da un minuzioso e appassionato esperantista, Don Harlow, che fornisce dati, notizie, storia, commenti, riassunti di testi importanti e provocazioni varie)? E se invece l'utopia dell'esperanto si traducesse nell'uso regolare di una lingua transnazionale cui ogni lingua nazionale può far riferimento? E se i soldi risparmiati grazie all'uso, diciamo, dell'esperanto potessero trovare un utilizzo migliore? Magari pacifistico, magari umanitario...

Può darsi che, al di là dei dati storici, sia vero quello che sostiene Claude Piron, un insigne psicologo di Ginevra ed esperantista fedele. Che l'esperanto suscita profonde ansietà inconsce in molti monoglotti: "Quando si esplora la reazione psicologica suscitata dalla parola esperanto, è sorprendente vedere come molti non possano tollerare l'idea che la lingua possa essere, per certi aspetti, superiore alla loro lingua madre. La reazione si basa sull'identificazione della lingua con il sé: la mia lingua è la mia gente, la mia lingua sono io; se la mia lingua è inferiore, la mia gente è inferiore e così io stesso". E i governi? Se ha ragione Piron, se le "relazioni linguistiche sono sempre state delle relazioni di potere", se ha ragione Lins nel suo libro sulle persecuzioni subite dagli esperantisti, quando dice che molti governi hanno scoraggiato e represso l'uso dell'esperanto perché vogliono continuare a stabilire le condizioni in base alle quali i loro cittadini possono godere di relazioni internazionali, allora sarebbe doveroso aggiungere la libertà di comunicare alle altre libertà sancite dai diritti umani.

Ma è vivo l'esperanto? A conclusione di questa lunga storia e di queste lunghe storie di utopie, vorrei ricordare ai miei venticinque lettori quello che facevamo da piccoli, quando andavano a consultare i dizionari per concederci il breve, bruciante piacere di leggere che cosa volevano dire le parolacce che ci arrivavano sull'aere dai compagni di scuola. Be', se andate su www.notam.uio.no, ovverosia su "The Alternative Esperanto Dictionary", il dizionario dello slang esperantista, ritornerete bambini (e avrete una prova che l'esperanto è una lingua viva). Scoprirete che scopare si dici "fizi", che pene si dice "kaco", che cacca si dice "feki" e in forma di interiezione "Fek!". Che la famosa pratica Monica-Clinton si dice "midzi". Ma che in compenso (o gran virtù dei cavalieri antiqui...) far sesso si dice "amori". L'unica parola che il mio computer – incaricato da non so chi di correggere le parole che scrivo, ma a modo suo, e che usa correggere Caligari in Calidari, che è parola più romana suppongo, e Indocina in indovina – l'unica di queste parole che il mio computer in questo momento non sottolinea con il rosso, segno di errore e di parola sconosciuta, oscura, barbara – l'unica parola che resiste è "amori". Omnia vincit amor. Con mille grazie all'utopista Zamenhof: che se non è riuscito a sanare, come direbbe Eco, la ferita lasciata aperta da Babele, ha indicato generosamente la strada da percorrere.

Ringraziamenti

Eleonora Caturegli, Abani Biswas, il corpo insegnante di Visva Bharati, Giorgio e Paola Guglielmino, Domenico Benincasa, Sergio Scapagnini, la comunità di Nomadelfia, Beatrice Ficulle, Marco Solari, Harald Szeeman, la Fondazione Monte Verità, Giò Rezzonico per la sua Antologia di cronaca di Monte Verità, Mara Folini per la sua preziosa piccola guida a Monte Verità, Claudio Rossetti, Michael G. Sundell presidente di The Corporation of Yaddo, Susan Crile, Joseph Caldwell, Leslie Leduc, Paolo Soleri, Chiara Romano Van Erp, Ruth Claire, Paolo Baratta, Antonietta Iolanda Lima, autrice di *Soleri, Architettura come Ecologia Umana*, Massimiliano Fuksas, Mary Hoadley, Toti Facio, Arturo Fournier, Gaston Fournier, Henrietta Boggs, Leonetta Bentivoglio, Oscar Arias Sánchez, Michela Lipari, Emma Bonino, gli esperantisti del Partito radicale e Vitaliano Lamberti per la sua bella biografia di Zamenhof, Lucia Milazzotto, e tutti gli autori dei libri che mi hanno fornito la base per *Le piccole utopie*, primo fra tutti Umberto Eco.

Crediti fotografici

p. 14 Rabindra-Bhavana Collection

p. 34 Archivio cine-fotografico di Nomadelfia

p. 56 Fotografia di Harald Szeemann

p. 78 Fotografia di Richard Brown

p. 96 M. Hamilton, *Soleri: Architect-Designer*, in "Industrial Design", n. 7, luglio 1964

p. 114 Fotografia di Sigfrid Jones

p. 134 Immagine tratta da Vitaliano Lamberti, *Una voce per il mondo*, Mursia, Milano 1991.

Indice

Stampa Grafica Sipiel
Milano, maggio 2003